Anette Frankenberger
Sibylle Nagler-Springmann

POWER
PAARE

Die Balance finden
zwischen Partnerschaft,
Familie und Beruf

Anette Frankenberger
Sibylle Nagler-Springmann

POWER
PAARE

Die Balance finden
zwischen Partnerschaft, Familie und Beruf

Kösel

Für unsere Ehemänner Ralf und Jan und unsere wunder-
vollen Kinder Philipp, Jakob, Charlotte, Marie und Quirin

© 2002 by Kösel-Verlag GmbH & Co., München
Printed in Germany. Alle Rechte vorbehalten
Druck und Bindung: Pustet, Regensburg
Umschlag: Elisabeth Petersen, München
Umschlagfotos: Corbis Stock Market/Chuck Savage (oben);
Mauritius/Sammy (unten)
ISBN 3-466-30590-X

Gedruckt auf umweltfreundlich hergestelltem Werkdruckpapier
(säurefrei und chlorfrei gebleicht)

Doch lasset Raum zwischen eurem Beieinandersein und lasset Wind und Himmel tanzen zwischen euch.

Liebet einander, doch machet die Liebe nicht zur Fessel: Schafft eher daraus ein webendes Meer zwischen den Ufern der Seelen ...

Stehet beieinander, doch nicht zu nahe. Denn die Säulen des Tempels stehen einzeln und Eichbaum und Zypresse wachsen nicht im gegenseitigen Schatten.

Khalil Gibran: Der Prophet, Olten/Freiburg: Walter, 12. Aufl. 1981, S. 16

Dank

Wir möchten uns bei allen Menschen bedanken, die uns beim Entstehen dieses Buches begleitet haben: Das sind unsere Männer, die uns ermutigt haben und uns in gestalterischen und technischen Fragen unterstützt haben; das sind unsere Freunde und Freundinnen Sabine und Andreas, Ursula und Wolfgang, Patrick, Vera und Gerd, die uns ihre Anregungen und konstruktive Kritik geschenkt haben.

Danken möchte ich, Sibylle Nagler-Springmann, ganz besonders Maria und Werner, die immer gern einspringen und sich liebevoll um die Kinder und den Haushalt kümmern, wenn mein Mann und ich gleichzeitig beruflich eingespannt sind. Auf spezielle Weise verbunden fühle ich mich Dr. Hans Rosenkranz, dem ich wesentliche Lernerfahrungen für meine Arbeit als Trainerin und Beraterin verdanke, die in dieses Buch eingeflossen sind.

Inhalt

Einleitung: Warum und für wen dieses Buch?

Je mehr wir in einer Single-Gesellschaft leben, desto mehr wächst der Leistungsdruck auf Männer und Frauen, die in dauerhaften Paarbeziehungen leben oder gar gleichzeitig Eltern und berufstätig sind. Folgt man den farbigen Bildern von Werbung, Frauenzeitschriften und manchen Elternratgebern, so erscheint es ganz leicht, zugleich ein wundervoller Vater und ein attraktiver und erfolgreicher Geschäftsmann zu sein oder morgens eine schicke Jobfrau, abends eine verführerische Partnerin und dazwischen eine gut gelaunt und fürsorglich agierende Mutter. In Wirklichkeit sind Paare mit Kindern oft so ausgepowert vom vielen Hetzen von Termin zu Termin, vom Organisieren und Feuerwehrspielen, dass sie höchstens in einem erschöpften Schlaf neidvoll oder bewundernd von solchen vermeintlichen »Power-Paaren« träumen, die das alles so gut auf die Reihe kriegen.

Unser schlagwortartiger Titel meint jedoch nicht, dass wir trendgemäß die Illusion vom Superweib nähren wollen, die den Supermann trifft und mit ihm die Superkids zeugt. Und wenn sie nicht gestorben sind, dann ziehen sie noch immer ihre Show ab ... Nein, das Wort »Power« bedeutet für uns zunächst seelische Kraft, geistige Flexibilität und körperliche Energie, von denen jeder Mensch mehr oder weniger besitzt. Mit den individuellen Ressourcen haushalten und Energien zum Fließen bringen für eine sinnstiftende Verbindung von Familie und Beruf – das sind Kompetenzen, die unserer Zielvorstellung von einem Power-Paar entsprechen. Und dabei will das Buch Paaren Hilfestellung geben. Dabei geht es um die Bewältigung des ganz normalen Alltags in einer Gesellschaft, in der die Unterstützung von Wirtschaft und öffentlicher Hand noch zu wenig Entlastung bringt. Das bedeutet keinesfalls, dass wir die Hoffnung aufgegeben haben, dass hier künftig noch viel an Kinderbetreuung, Ganztagsschulen, Flexibilisierung und sonstigen familienfreundlichen Maßnahmen von Politik und Wirtschaft kommen wird. Wir gehen nur von der Tatsache aus, dass der Hauptanteil an der Bewältigung dieses Balanceaktes immer noch vom einzelnen Paar sozusagen privat zu leisten ist.

Nachdem es vor ein paar Jahren vor allem die Frauen waren, die flexible Arbeitszeitmodelle und andere entlastende Lösungen für die Vereinbarkeitsfrage forderten, sind es heute zunehmend auch die Männer, die sich allmählich von ihrem »pathologischen Anwesenheitsdrang« in der Firma verabschieden und den Zeitnotstand ausrufen, weil sie ihre Kinder aufwachsen sehen wollen. Nach neuesten Untersuchungen des Berliner Arbeitssoziologen Ulf Kadritzke wollen hoch qualifizierte Angestellte und Manager längst nicht mehr blind in den Herzinfarkt steuern, sondern streben danach, mit ihren Energien besser zu wirtschaften.* Zwei Drittel der Befragten in einer britische Studie glauben, dass sie nicht die Kontrolle über ihre Arbeitszeit haben, und knapp die Hälfte ist unglücklich über ihre »work-life balance«. Sie wünschen kürzere Arbeitszeiten und die Möglichkeit zur Teilzeitbeschäftigung. Bisher haben die Unternehmen erst in An-

---

* Nachzulesen auf der Homepage der Fachhochschule für Wirtschaft Berlin (www.fhw-berlin.de)

sätzen erkannt, dass eine Erfolgsvorstellung, die auf die permanente Verfügbarkeit ihrer Mitarbeiter setzt, betriebswirtschaftlich unsinnig ist, schwächt sie doch auf lange Sicht Motivation und Veränderungskraft ihrer besten Leute.

Wir setzen mit unserem Buch auf ein anderes gesellschaftliches Leitbild von Erfolg, nämlich auf eines, das auf der Idee einer selbstbestimmten Balance zwischen Beruf, Familie, Freunden und Ich beruht.

Methoden aus dem Managementtraining

Damit Paare dorthin finden, haben wir für sie in unserem Buch das zusammengetragen, was uns aus unserer Arbeit und unserer privaten Erfahrung im Spannungsfeld zwischen Job und Familie hilfreich und nützlich erscheint. So wie in einem Kochbuch, in dem viele grundlegende Rezepte gesammelt sind, die der Autor selbst schon gekocht hat. Das sind Theorien und Methoden aus dem Managementtraining und der systemischen Beratung, denn schließlich ist eine Familie wie ein kleines Unternehmen oder zumindest ein kleines Team.

Es wendet sich an Paare, die den Balanceakt wagen wollen oder schon ein Stück des Weges losgegangen sind. Sie fühlen sich dabei manchmal energielos oder überfordert, sie versinken vielleicht hin und wieder im Chaos und sehnen sich nach etwas mehr Leichtigkeit und Klarheit in ihrem Leben. Sie sind unzufrieden mit ihren kräftezehrenden Konfliktmustern oder Zeitdieben. Für alle diejenigen ist das Buch richtig. Es ist *nicht* richtig für Paare, die eine schwerwiegende Beziehungskrise zu bewältigen haben. Es ist kein therapeutischer Ratgeber für Paare in Not.

Der systemische Ansatz

Unser Denkansatz ist bei allen Modellen und Übungen weitgehend systemisch. Was bedeutet das?

Menschen sind Beziehungswesen. Daher arbeiten sie zusammen und leben in Gruppen und Systemen wie der Familie. Sie sind daher sowohl bei der Arbeit als auch im Privatleben abhängig vom Gelingen der Beziehungen. Systemiker schauen daher nicht auf einzelne Menschen, isolierte Konflikte oder Phänomene, sondern immer auf die wechselseitigen Beziehungen dazwischen. Wechselwirkung wird immer dann erzeugt, wenn die einzelnen Elemente nicht isoliert voneinander existieren, sondern sich in ihrem Verhalten gegenseitig beeinflussen. So wie ein Fußballteam ein System aus elf autonomen, nicht berechenbaren Menschen darstellt: Die Mitspieler müssen sich in einer Umgebung behaupten, in der sie nicht einzelne Spielpassagen üben können. Der Erfolg der Mannschaft hängt vielmehr davon ab, ob es den Spielern gelingt, ihr Verhalten zueinander – also ihre Beziehungen – besser und schneller zu koordinieren als der Gegner.

Das Ganze ist mehr als die Summe seiner Teile

Erst wenn wir die Gesamtorganisation als das wechselseitige Zusammenspiel seiner Teile beobachten, können wir die Eigenschaften des Systems erkennen und daran arbeiten. So haben wir festgestellt, dass nicht das Phänomen der Vereinbarkeit an sich problematisch ist, sondern dass die Probleme immer an den Schnittstellen *zwischen* den Bereichen auftreten, wenn es darum geht, die eine Beziehung – zum Beispiel die zum Kind – kurzzeitig hintanzustellen zugunsten beruflicher Beziehungen.

Jeder weiß, dass Stress in der Arbeit sich auf die Stimmung in der Familie oder der Paarbeziehung auswirkt, was dann in der

Regel das individuelle Wohlbefinden des Einzelnen verschlechtert. Den Unmut von zu Hause tragen beide Partner wieder ins Büro, wo sie weiter Ärger produzieren, und so setzt sich die Wechselwirkung unter Umständen in endlosen konzentrischen Kreisen fort. Umgekehrt wirkt die Rückkoppelung genauso.

Erfolgreiche Manager und Managerinnen, hoch stehende Männer und Frauen in Politik und Gesellschaft haben in der Regel eine Familie. Je höher die Position, desto höher ist der Anteil an Eltern. Das zeigt uns, dass offenbar zu einem gelungenen Erfolgsmodell der Hafen Familie dazugehört. Es zeigt uns auch, dass Kinder Horizonterweiterung und Potenziale vermitteln, die erfolgsrelevant sind. Und es zeigt uns, dass Stabilität und Emotionalität, von denen die Familie lebt, die notwendige Freiheit im Umgang mit den Herausforderungen im Berufsleben schaffen. Zumindest schaffen sie immer wieder Abstand und damit die oft erforderliche Außenperspektive.

Ehen mit Kindern können aus vielen Gründen in die Brüche gehen. Wir sind der festen Überzeugung, dass sie nicht darunter leiden müssen, dass beide Partner ihrem Beruf nachgehen. Im Gegenteil: Mithilfe der einen oder anderen Methode oder manches Denkansatzes, die zu Selbsterkenntnis und Bewusstheit führen, kann es gelingen, mit den Energien so zu wirtschaften, dass es allen gut geht und dass alle die angemessenen Entwicklungsmöglichkeiten bekommen. So können langsam neue Formen das Zusammenlebens entstehen, die Freiraum erlauben und zugleich dauerhaft sind.

Anleitung: Wie benutzt man dieses Buch?

Zunächst einmal möchten wir Ihnen sagen, was Sie in diesem Buch *nicht* finden:

1. Sie finden keine Antworten auf konkrete Sachfragen wie: Welches ist die beste Kinderbetreuung? Oder: Wie sind die neuen gesetzlichen Rahmenbedingungen für die Erziehungszeit? Wir haben allerdings weiterführende Literatur und Adressen angegeben, die Ihnen dabei weiterhelfen.
2. Sie finden keine Allheilmittel zu Beziehungs- oder Erziehungsfragen, sondern nur Angebote und Denkanstöße.

Das Buch ist chronologisch aufgebaut. Das erste Hauptkapitel wendet sich an Paare, die noch planen oder in der Kinderfrage unentschieden sind. Danach geht es los mit typischen Fragestellungen, wenn kleine Kinder da sind. Später folgt der Wiedereinstieg in den Beruf usw.

Sie können aber das Buch auch in der Mitte anfangen zu lesen, wenn Sie das Zeitmanagement am meisten interessiert oder das letzte Kapitel über Konflikte. Sie können ebenfalls problemlos darin herumblättern und sich Ihre »Rosinen« herauspicken. Das könnte der Balance-Check oder eine Paarübung sein. Intensivere Lernerfahrung und Erfolgserlebnisse versprechen wir Ihnen jedoch, wenn Sie möglichst alles lesen und viele Übungen machen. Dennoch haben wir eingeplant, dass sich nicht jedes Paar von allen Übungen angesprochen fühlt. Wenn Sie nur lesen und gar keine Übungen machen, kommen die Inhalte auch ins Hirn, allerdings mehr in die linke Gehirnhälfte (zuständig für Logik und Rationalität).

Was uns sehr am Herzen liegt, ist folgender Tipp: Kaufen Sie sich jeder eine schöne Mappe oder ein DIN-A4-Heft, in das Sie Ergebnisse von Überlegungen oder Gesprächen und Übungen eintragen und in das Sie eventuell die Fragebogen abheften oder einkleben. Wenn Sie Ihre Aufzeichnungen in einem Jahr oder später wieder anschauen, werden Sie staunen!

In der Regel kauft einer von beiden Partnern das Buch. Es hat aber keinen Sinn, wenn nur einer es liest. Halten Sie sich auf keinen Fall das Buch als stillen Vorwurf unter die Nase. Vielleicht lesen Sie sich abwechselnd daraus vor: Auch das ist Anregung für strukturierte Gespräche. Auch damit trainieren Sie Kommunikation und Konfliktfähigkeit. Entscheiden Sie gemeinsam, welche Übungen Sie machen wollen und was nur als gedankliche Anregung in Ihr Unterbewusstsein einfließen soll.

Die Planungsphase:
Spontaneität ist gut,
Planung ist besser

Natürlich kann man im Leben nicht alles planen. Gerade in einer Zeit, in der die Menschen sogar ihre Freizeit bis ins kleinste Detail verplanen und viele dem Glauben anhängen, dass das Leben kalkulierbar sei, wollen wir nicht in die gleiche Kerbe schlagen, nach dem Motto »Unser Kind wird Ostern geboren, das ist wegen des Einschulungstermins günstig, wir teilen den Erziehungsurlaub und mit fünf lernt es Klavier ...«. Klar kann es sein, dass Sie ungeplant ein Kind erwarten. Und sich dann mit Freude und Neugier ins Abenteuer stürzen.

Sie müssen das Thema nicht nach den Prinzipien des Projektmanagements angehen. Dennoch ist es gut, sich als Paar vorher Gedanken darüber zu machen, wie es sein wird, wenn Sie plötzlich Eltern sind. Und wie Sie sich Ihr gemeinsames Leben mit Kindern vorstellen. Und das aus drei Gründen:

1. Wenn du den Hafen nicht kennst, den du ansteuern willst, ist dir kein Wind günstig

Das bedeutet: Je klarer die Vorstellung von dem ist, was ich tun möchte, desto größer ist die Chance, dass ich es auch genau so tun werde. Mit einer unklaren, vagen Vorstellung über mein Leben in der Partnerschaft oder in der Familie werde ich leicht zum Spielball »fremder Mächte«. Im günstigsten Fall sind das die Kinder und der Partner oder die Partnerin, im ungünstigsten Fall die Firma. Nehmen Sie also Ihr Leben selbst in die Hand und entscheiden *Sie*! Entscheiden Sie *gemeinsam*!

2. Solange das Kind noch im Kopf ist, sind Sie geistig beweglicher

Wenn Paare eine Familie werden, betreten sie Neuland. Für die Lebensgestaltung von berufstätigen Eltern gibt es keine offiziellen Regelungen oder vorgegebenen Strukturen. Gerade für partnerschaftliche Lösungen gibt es wenig Vorbilder. Sie müssen Ihre individuelle Lösung selbst kreieren. Wenn Sie Schwierigkeiten oder Hindernisse im Planungsstadium erkennen, können Sie sich frühzeitig damit auseinander setzen und sich darauf einstellen. Vielleicht brauchen Sie dafür etwas Zeit. Besser ist es da, sich als Paar noch vor der Schwangerschaft darüber auszutauschen, was an Veränderungen auf Sie zukommen könnte. Dann besteht noch die Möglichkeit, die eine oder andere Weiche umzustellen. Und Sie können im Extremfall auch noch die Notbremse ziehen, wenn Sie merken, dass beispielsweise Ihre Vorstellungen von der Verteilung der Berufs- und Familienarbeit völlig divergieren. Ist das Kind erst unterwegs, kommen Sie schnell in missliche Gefühlslagen, wenn unerwartete Hindernisse auftreten.

»Als ich mit meinem ersten Sohn hochschwanger war, eröffnete mir mein Mann erstmals, dass er meine Pläne von Berufstätigkeit mit Kind doch nicht so gut fand. Ich weiß noch wie heute, dass ich darüber sehr schockiert war, wähnte ich mich doch von ihm bis dahin verstanden. Er hatte geglaubt, dass ich zum Muttertier mutiere, wenn ich erst mal schwanger bin. Die Folge war, dass wir später einige energiezehrende Kämpfe auszutragen hatten.«

In solchen Fällen kann es gut sein, sich mit anderen berufstätigen Eltern im Freundeskreis zu unterhalten. Aber Achtung: Sowohl übertriebene Lockerheit im Sinne von »alles easy« als auch jammerndes »alles zu viel« kann Ihnen in diesen Gesprächen begegnen. Suchen Sie sich lieber Paare, die einen halbwegs zufriedenen und ausgeglichenen Eindruck machen.

Wenn Sie eine partnerschaftliche Lösung anstreben, sollten Sie sich auf dem Weg dorthin wappnen mit dem Wissen über mögliche Hindernisse – äußere und innere. Die Gefahr ist sonst groß, dass Sie auf traditionelle Rollenmuster zurückgreifen, obwohl Sie gerade dies nicht wollten.

3. Ängste sind keine guten Ratgeber

»Was ich nicht weiß, macht mich nicht heiß«, sagt der Volksmund. Wir sagen: Bei der Familienplanung gilt das nicht. Ungewissheit schürt Ängste. Und Ängste sind schlechte Ratgeber in Sachen Familie. Auch wenn Sie schon ein paar Bücher gelesen und mit guten Freunden über ihre Erfahrungen gesprochen haben, so ist es trotzdem normal, dass Sie nur vage Vorstellungen über Ihre künftige Wirklichkeit als Eltern haben. Setzen Sie sich von Anfang an auch mit Befürchtungen und unliebsamen Wahrheiten auseinander. Wir Menschen sind Meister im Verdrängen von unangenehmen Gefühlen und schlimmen Vorahnungen. Lassen Sie einfach zu, dass Sie manchmal auch unsicher oder gar ängstlich in die Zukunft schauen.

Es kann sein, dass Sie zunächst nicht genau wissen, was Sie unsicher macht. Vertrauen Sie Ihrer Intuition und tauschen Sie sich darüber aus. Häufig kommt dabei das eine oder andere Detail zum Vorschein, das Sie klar benennen können. Erst wenn Sie ihm einen Namen geben, können Sie es auch verändern.

Für partnerschaftliche Lösungen sind Vorüberlegungen wichtig

Die Erfahrung zeigt, dass Paare für Informationen und Anregungen offener sind, wenn das erste Kind noch im Planungsstadium ist. Schließlich haben sie da noch die Chance, auch unkonventionelle Lösungen im Kopf durchzuspielen.

Zwischen den Varianten »Mutter bleibt zu Hause, Vater arbeitet« und »Beide sind weiter voll berufstätig« gibt es zahlreiche Abstufungen. Vielleicht wollen gerade Sie zu den knapp zwei Prozent der Eltern in Deutschland gehören, bei denen auch der Vater Erziehungszeit in Anspruch nimmt. Vielleicht will der künftige Vater seine Arbeitszeit reduzieren, um sein Kind von klein an aufwachsen zu sehen. Oder vielleicht plant die Mutter, schon in der Erziehungszeit teilweise von zu Hause aus in ihrem Job weiterzuarbeiten. Wichtig ist, dass Sie eine Vorstellung darüber entwickeln, welche Unterstützung bei der Erziehung Ihres Kindes Sie sich von außen – also von Tagesmüttern, Großeltern oder Horten – holen wollen und können.

Wenn Sie sich darüber klar sind, in welcher Form Sie sich als Eltern gegenseitig unterstützen wollen, gleichen Sie diese Wünsche mit der Realität im Beruf ab. Manchmal stellt sich bei näherer Betrachtung heraus, dass der Zeitpunkt für eine Familiengründung aus beruflichen Gründen nicht gut gewählt ist. Wäre eine Unterbrechung der Berufstätigkeit oder eine Arbeitszeitreduzierung an dieser Stelle unseres jeweiligen Berufsweges günstig? Mit welchen finanziellen Einbußen müssen und wollen wir jetzt rechnen? Natürlich ist der Zeitpunkt für so eine Veränderung selten für beide wirklich optimal, aber es gibt vielleicht bessere. Überlegen Sie dann, ob es für beide o.k. wäre, den Kinderwunsch ein Jahr oder nur ein paar Monate zu vertagen. Solche Fragen sollten Sie im Vorfeld auch bei Ihrem Arbeitgeber abklären. Es könnte sein, dass Ihr Chef es anerkennt, wenn er in Ihre Planungen einbezogen wird. Schließlich muss auch er planen.

Finden Sie heraus, wie familienfreundlich Ihr Unternehmen ist. Wenn es in Ihrem beruflichen Umfeld schon nachahmenswerte Beispiele gibt, ziehen Sie es in Erwägung, die betreffenden Eltern über ihre Erfahrungen zu befragen. Streben Sie ganz neue Lösungen an, dann ist es gut, wenn beide Partner mit ihrem Chef oder einer Person ihres Vertrauens in der Firma vorab die Möglichkeiten für Erziehungspause, flexible Mobilzeit, Telearbeit oder Ähnliches ausloten. Es könnte dabei herauskommen, dass es in der Firma des künftigen Vaters weitaus modernere Angebote für Eltern gibt. Warum sollte die Frau den größeren Teil der Erziehungsarbeit übernehmen, wenn gerade in ihrem Job Auszeiten und reduzierte Arbeitszeit noch als Karrierekiller gelten?

Kinder stellen das Leben auf den Kopf

Unbeschreiblich sind die Glücksgefühle junger Eltern, wenn sie erstmals ihr Kind im Arm haben. Schwer vorstellbar sind aber auch die Veränderungen, Einschränkungen und Belastungen, die auf Eltern zukommen. »Kinder stellen das bisherige Leben eines Paares auf den Kopf«, heißt es im *Handbuch für berufstätige Eltern**. Das hört sich nach vielen Unwägbarkeiten an. Fest steht dabei, dass Eltern große Fähigkeiten in Organisation und Management abverlangt werden, dass sie stressresistent und belastungsfähig sein müssen. Und dass Toleranz und Verzicht zu ihren Haupttugenden gehören.

---

* Ute und Karl Diehl: *Handbuch für berufstätige Eltern. Wie Sie Job und Kinder unter einen Hut bringen*, Weinheim: Beltz 1999

Das alles leisten sie bei wenig Schlaf und noch weniger Muße oder Erholung. Sie sind zerrissen in ihrem Anspruch, in allen Rollen als Partner, Jobmensch und Eltern gut zu sein. Eine ihrer dauerhaften Herausforderungen besteht darin, ihrem selbst gewählten Schicksal Zufriedenheit und Glück abzugewinnen.

Das alles sollten Sie – egal, wie viel Sie planen – bei Ihren Vorüberlegungen berücksichtigen.

Männer und Frauen leben in verschiedenen Wirklichkeiten

Die Erfahrung zeigt, dass Frauen früher und intensiver über die Kinderfrage nachdenken als Männer. Oft schon lange bevor sie in einer festen Partnerschaft gebunden sind, haben sich die meisten jungen Frauen irgendwann einmal mit dem Thema »Job und Kinder« auseinander gesetzt. Die meisten Frauen wollen heute beides in irgendeiner Form miteinander vereinbaren. Sie haben sich häufig auch die Frage gestellt, wie viel von ihrer Freiheit und ihren beruflichen Zielen sie bereit sind, für Kinder aufzugeben. Einige haben sogar schon überlegt, welche Aufgaben sie dem Partner übergeben wollen: Füttern abwechselnd, Wäsche er, Wickeln sie.

Männer haben oft nur vage im Kopf, dass sie irgendwann einmal Kinder haben wollen. Wie das genau aussieht, davon haben sie in der Regel eher nebulöse Vorstellungen – auch wenn es im nächsten Freundeskreis nicht an Beispielen mangelt. Was es bedeutet, Vater eines Kindes zu sein, realisieren sie in der Regel erst, wenn es da ist. Vorher erscheint es ihnen eher wie eine abstrakte, unkalkulierbare Größe. Womit sie nicht ganz Unrecht haben.

Menschen haben eine jeweils andere Auffassung von Wirklichkeit. Männer und Frauen haben eine sehr voneinander abweichende Wahrnehmung von dem, was um sie herum geschieht. Der Erfolgsautor John Gray sieht Männer und Frauen sogar so unterschiedlich, als kämen sie von verschiedenen Sternen.

Akzeptieren, was anders ist

Wenn Sie das schon bemerkt haben, sollten Sie sich spätestens jetzt von Ihrer inneren Abwehr dagegen verabschieden. Nehmen Sie diese unterschiedliche Wahrnehmung gegenseitig an, dann werden Sie die Chancen sehen, die sich darin verbergen:

Wenn es Ihnen gelingt, eine Fragestellung, ein Phänomen zwischendurch einmal ganz mit den Augen des anderen zu sehen, werden Sie merken, dass Sie auch diesem Blickwinkel viel abgewinnen können. Es könnte sogar sein, dass Sie mehr sehen, oder anderes, obwohl Sie bisher dachten, dass Ihr Partner mit seiner »eingeschränkten männlichen« oder »ihrer chaotischen weiblichen Sichtweise« weniger erkennt.

Power-Paar-Übung

Wenden Sie Ihre Aufmerksamkeit den Verhaltensweisen und Ansichten zu, die Sie an Ihrem Gegenüber eher befremdlich finden, ja vielleicht normalerweise ablehnen. Gehen Sie auf Entdeckungsreise. Und finden Sie einmal nicht das, was Sie verbindet. Finden Sie das, was Sie unterscheidet. Im Denken und Fühlen in Bezug auf Ihr Zusammenleben und den Beruf ...

Schreiben Sie Ihre Sammlung auf ein Blatt Papier. Da könnte dann stehen:

- dein Chaos auf dem Schreibtisch
- dein ewiges Zuspätkommen
- deine Vorstellungen von einem gemütlichen Sonntag

- dein Karrieretick
- dein Perfektionswahn
- deine schmutzigen Socken auf dem Kühlschrank

Wenn Sie diese Begriffe normalerweise mit einem »Ich hasse ...« abwerten oder sie auch nur still belächeln, so machen Sie nun einmal das Gegenteil: Setzen Sie davor ein »Ich liebe ...«.

Lesen Sie die Liste laut vor. Und spüren Sie nach, wie sich das anfühlt.

Es darf dabei natürlich gelacht werden.

Vielleicht spüren Sie aber auch einen Widerstand und hören ein inneres »Das stimmt nicht«. Oder ihr Magen zieht sich dabei zusammen. Das ist o.k. Dann nehmen Sie Sätze wie »Ich akzeptiere ...« oder nur »Ich sehe ...«.

Diese Übung ist für jedes Paar geeignet. Es schadet nicht, sie später noch öfter zu machen.

Könnte es vielleicht sein, dass das eine oder andere, das Sie beim Partner stört, in kleinen Teilen auch in Ihnen selbst steckt? Könnte es sein, dass Sie Ihre Partnerin um Ihre perfekte Organisation sogar beneiden? Oftmals bekämpfen wir beim anderen Verhaltensweisen oder Meinungen, die wir uns selbst nicht erlauben. Oder Eigenschaften, die wir an uns selbst nicht mögen. Indem wir so einen Teil beim anderen akzeptieren, nehmen wir ihn auch bei uns selbst an.

Wenn Sie die obige Übung gemacht haben, sind sie gut gerüstet für weiterführende Vorbereitungsmaßnahmen (zum Beispiel: Austausch über Lebensvisionen).

Wenn man zu zweit träumt, ist das der Beginn der Wirklichkeit

Nachdem Sie einen Blick auf die Eigenheiten und Schrulligkeiten des anderen geworfen haben und sich vielleicht auch schon im Annehmen geübt haben, vergrößern Sie den Fokus.

Familienplanung ist immer langfristig angelegt. Daher ist es wichtig, eine Vorstellung davon zu entwickeln, welche Entwürfe, Träume und Visionen der andere und Sie selbst über Ihr berufliches und privates Leben haben.

Die folgenden Fragen über Ihre gemeinsame Zukunft können nur ein Leitfaden für Ihr Gespräch sein. Gehen Sie daher behutsam miteinander um und lassen Sie sich Zeit bei der Beantwortung der Fragen. Manche Frage wird man nicht sofort beantworten können oder wollen, weil man sich selbst noch gar keine Gedanken gemacht hat. Und manche Antwort wird Sie vielleicht überraschen und Ihnen neue Seiten an Ihrem Partner zeigen. Sie werden jedoch in jedem Fall von mehr Klarheit und Offenheit in der Partnerschaft profitieren.

Ein Paar kann erst eine gemeinsame Vision entwickeln, wenn die Vorstellungen jedes Einzelnen bekannt sind!

Power-Paar-Übung

Visionen

- Welche Fantasien hattest du als Kind, welche Visionen hattest du als Jugendlicher von deinem Leben als Erwachsener? Welche Vorstellungen von Partnerschaft hattest du?
- Wie stellen wir uns unsere gemeinsame Zukunft vor?
- Welche Vorstellungen hat jeder für sich allein?

- Welche konkreten Pläne haben wir für die nächste Zukunft (maximal fünf Jahre)?
- Was könnte diese Pläne gefährden?
- Was belastet uns gegenwärtig?
- Was können wir dagegen tun?
- Was könnte uns in Zukunft belasten?
- Was möchte ich im Alter über mein Leben sagen können?

Beruf

- Welche Zielvorstellungen hat jeder für seinen Beruf/seine Karriere?
- Welche Vorstellungen hat jeder über die berufliche Entwicklung des anderen? *(Wenn hier die gegenseitigen Vorstellungen unklar oder gar unbekannt sind, ist der Austausch darüber dringend nachzuholen!)*

Leben mit Kindern

- Mag ich Kinder?
- Werde ich von Kindern gemocht?
- Wie würde sich unsere Beziehung durch Kinder verändern?
- Welche Konflikte befürchte ich?
- Traue ich meinem Partner zu, eine tolle Mutter/ein prima Vater zu sein?
- Was sind meine Prioritäten in der Erziehung?

Geld

- Können wir offen über Geld reden?
- Wie ist unsere finanzielle Lage?
- Wie sieht unsere finanzielle Planung im Hinblick auf Nachwuchs aus?

»Wie meine Mutter will ich nie werden!«

An dieser Stelle Ihrer gemeinsamen Überlegungen kann es interessant sein, sich die Geschichte Ihrer Herkunftsfamilien einmal anzuschauen. Denn es ist wichtig, eine Vorstellung davon zu haben, woher wir kommen, damit wir wissen, wohin wir gehen können. Sie können sich einfach bei einem Glas Wein darüber unterhalten, sich gegenseitig ein wenig ausfragen. Das könnte ein langer Abend werden. Sie können dabei auch strukturierter mithilfe eines Genogramms (Beispiel: siehe Seite 30) vorgehen. Sie sollen keine Ahnenforschung betreiben, sondern sich nur ein wenig auf Spurensuche begeben. Dass macht nicht nur Spaß, sondern ist auch sehr erhellend. Gehen Sie dabei der Frage nach: Wie haben es meine Eltern und Großeltern und deren Geschwister gemacht? Schauen Sie auf die Paarbeziehungen, die Kinder und die Berufstätigkeit.

Viele von uns haben Sätze im Kopf wie »So wie meine Mutter will ich nie werden!« oder »Niemals werde ich meine Kinder so autoritär erziehen wie mein Vater!«.

Je mehr wir uns vor lauter inneren Widerständen weigern, uns damit zu beschäftigen, desto größer ist die Gefahr, es später genau so zu machen, wie wir es nie wollten. Denn schließlich haben wir genau das in unserer Kindheit unbewusst über Vatersein und Muttersein gelernt.

Ablehnung macht ähnlich

»Wer sich mit seiner Vergangenheit nicht auseinander setzt, ist gezwungen, sie zu wiederholen.«
Sigmund Freud

Gerade für die Paare ist es spannend, mit dem Genogramm zu arbeiten, die in ihren Lebensplanungen und Erziehungsentwürfen Diskrepanzen oder gar Unvereinbarkeiten entdecken. Möglicherweise stellt sie sich einen verständnisvollen Vater vor, der sich viel Zeit für das Kind nimmt, während er glaubt, im Beruf keine zeitlichen Abstriche machen zu können.

Vielleicht waren Sie sich bei Ihren Vorüberlegungen ganz einig und haben das Gefühl: »Alles im Griff!« An der Oberfläche sehen wir hier zwei vernünftige und modern denkende Menschen, die nach rationalen Gesichtspunkten und mit gesundem Menschenverstand ihr Leben planen. Trotzdem ertappen sich auch diese Menschen gelegentlich dabei, dass sie plötzlich Dinge tun, die sie eigentlich nie gewollt haben. Unbemerkt schleichen sich bei fast jedem noch so modernen Paar traditionelle Rollenmuster ein, spätestens beim ersten Kind. Wie kommt das? Gerade hier kann es sehr nützlich sein, einen Blick auf das Familiengenogramm zu werfen.

Mit dem Genogramm den Mustern auf der Spur

Genogramme sind so etwas wie erweiterte Stammbäume und offenbaren spezifische Muster. Solche Muster können sein, dass gleiche Leidenschaften oder Hobbys in den Familien immer wieder auftauchen: »Erst als ich im Alter von 24 Jahren das Turmspringen aufgab, erfuhr ich von meiner Großmutter, dass mein Opa und mein Uropa beide begeisterte Turmspringer gewesen waren.«

Genogramme können für viele verschiedene Fragestellungen eingesetzt werden. Sie werden Ihnen in diesem Buch noch an anderer Stelle begegnen. Die erste Fragestellung, die hier interessant ist, beschäftigt sich mit den Modellen, die unsere Eltern und Großeltern für die Verbindung von Familie und Beruf gewählt haben. Berücksichtigen Sie bei der Betrachtung die jeweilige Zeit, in der die Personen gelebt und in der sie bewusste oder unbewusste Entscheidungen über ihr Leben getroffen haben.

Sie werden ein größeres Verständnis für Ihre inneren Haltungen entwickeln. Die Ablehnung gegenüber so genannten Karrierefrauen kann beispielsweise daher rühren, dass alle

Frauen in Ihrer Familie, die sich beruflich verwirklicht haben, keine Kinder hatten.

Wenn die beobachteten Muster ganz Ihren aktuellen Vorstellungen und Visionen widersprechen, dann kehren Sie Ihren inneren Realisten heraus. Wie machbar ist Ihre Vision?

Für Partner ist es wichtig zu wissen, woher der andere kommt. Was ist gleich und was ist anders? Dort, wo es gelungene Lösungen für Beruf und Familie und geglückte Partnerschaften gibt, dort wirken Vorbilder und Energien auch auf nachkommende Paare.

Power-Paar-Übung

Nehmen Sie jetzt jeder für sich eine Grafik (eine Kopiervorlage für ein Genogramm finden Sie auf Seite 31) und tragen Sie mithilfe der Fragen nach Beruf und Familie die Personen Ihrer Herkunftsfamilie ein. Manchmal kann es hilfreich sein, zum Telefonhörer zu greifen und von den Eltern oder Großeltern fehlende Informationen zu erfragen. Danach tauschen Sie sich darüber aus und vergleichen Sie. Sie werden sehen, dass daraus ein ganzer Strauß von neuen Erkenntnissen und Aha- Erlebnissen über Sie selbst und Ihren Partner und Ihre Paarbeziehung erwächst.

Interessante Fragen zu Ihrem Genogramm:

- Wie viele Kinder gab es in den Herkunftsfamilien?
- Welche Berufe haben die Eltern und Großeltern gehabt und ausgeübt oder nicht ausgeübt?
- Gibt es Ähnlichkeiten zu Ihrer jetzigen Lebenssituation oder Berufswahl?
- Wiederholen sich bestimmte Muster?

Beispiel für ein Genogramm

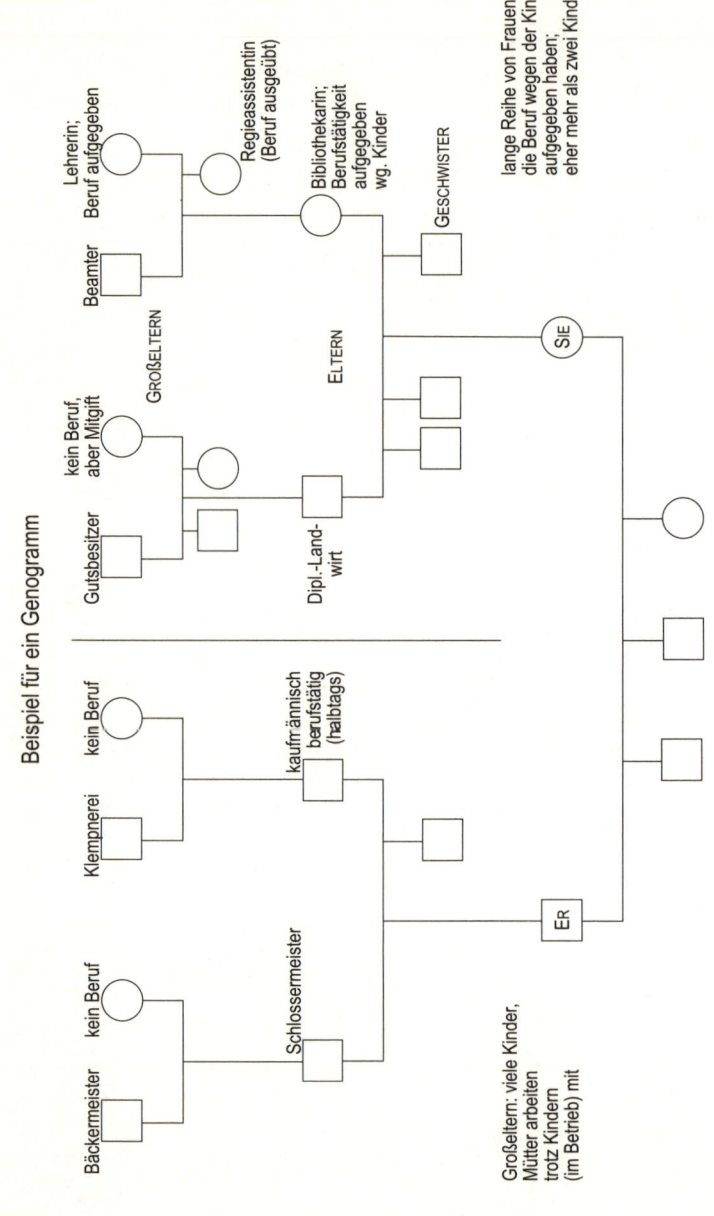

Lehrerin; Beruf aufgegeben

Beamter

Regieassistentin (Beruf ausgeübt)

Bibliothekarin; Berufstätigkeit aufgegeben wg. Kinder

GESCHWISTER

lange Reihe von Frauen, die Beruf wegen der Kinder aufgegeben haben; eher mehr als zwei Kinder

GROSSELTERN

kein Beruf, aber Mitgift

Gutsbesitzer

Dipl.-Land-wirt

ELTERN

SIE

kein Beruf

Klempnerei

kaufmännisch berufstätig (halbtags)

kein Beruf

Bäckermeister

Schlossermeister

ER

Großeltern: viele Kinder, Mütter arbeiten trotz Kindern (im Betrieb) mit

30

Ihr Genogramm

SiE

Er

Ein Beispiel für ein Genogramm

Hinweise zur einer möglichen Auswertung des vorgegebenen Genogramms auf Seite 30:

Hier kann man auf der Seite der Frau sehen, dass sowohl die Großmutter (die Mutter der Mutter) wie die Mutter ihren Beruf wegen der Kinder aufgegeben hat, obwohl beide eine gute Ausbildung hatten. Die Schwester der Mutter war berufstätig, aber nicht verheiratet. Sowohl auf der Seite der Frau als auch in der Linie des Mannes gibt es mehrere Kinder, mindestens immer zwei.

Auf der Seite des Mannes fällt auf, dass in der Großelterngeneration beide Väter Handwerker waren. Das heißt, dass trotz einer großen Kinderschar die Frauen vermutlich in der Bäckerei oder Spenglerei mitgearbeitet haben. Für das gegenwärtige Paar bedeutet das Genogramm, dass es Vorbilder für partnerschaftliche Lösungen und für Berufsehrgeiz von Frauen und Müttern gibt. Dies in der Gegenwart weiterzuentwickeln wird eher leicht fallen.

Auf ähnliche Weise können Sie Ihre eigenen Familiengeschichten erforschen. Das können Sie natürlich auch zu einem späteren Zeitpunkt und in einer anderen Phase Ihrer Partnerschaft tun. So können Männer hiermit Voraussagen machen über ihre künftige Haltung als Vater: Männer, die ihre eigenen Väter in der Kindheit als außerordentlich zugewandt und liebevoll oder auch als besonders kühl und kontrollierend erlebt haben, bewerten in der Regel die soziale Funktion ihrer Vaterrolle besonders hoch. Nach Untersuchungen des Staatsinstituts für Frühpädagogik in München (Professor Wassilios Fthenakis) korrespondiert die soziale Funktion im Vaterschaftskonzept häufig mit dem Wunsch nach stabiler Partnerschaft und ausgeglichener Freizeitgestaltung und weniger mit Karrierestreben.

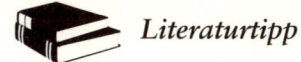 *Literaturtipp*

Diehl, Ute und Karl: *Handbuch für berufstätige Eltern. Wie sie Job und Kinder unter einen Hut bringen,* Weinheim: Beltz 1999

Weitere Empfehlungen

Assig, Dorothea und Beck, Andrea: *Frauen revolutionieren die Arbeitswelt. Das Handbuch zur Chancengerechtigkeit,* München: Franz Vahlen 1996

Beck-Gernsheim, Elisabeth: *Die Kinderfrage. Frauen zwischen Kinderwunsch und Unabhängigkeit,* München: C.H. Beck, 3., durchges. u. erw. Aufl. 1997

Erler, Gisela: *Work-Life-Balance* (Arbeitstitel), München: Droemer Knaur, in Vorbereitung

Fthenakis, Wassilios: »Mehr Spielraum für Väter«, München 2001 (Aufsatz für die Väterkampagne der Bundesregierung, nachzulesen auf der Homepage www.fthenakis.de)

Hillebrand, Annette: *Macht Arbeit Frauen wirklich glücklich?* Hamburg: Kabel 1997

Schnack, Dieter und Gesterkamp, Thomas: *Hauptsache Arbeit? Männer zwischen Beruf und Familie,* Reinbek: Rowohlt-TB 1998

Die Veränderung beginnt mit der Schwangerschaft

Schwangerschaft heißt für viele erst einmal: Der Bauch wird dick. Das stimmt natürlich. In unserer Gesellschaft der schönen Werbebilder, in der Kategorien wie Leistung, Erfolg und Schönheit zählen, ist auch das Kinderkriegen vornehmlich mit Vorstellungen von pausbäckigen, gesunden Babys und glücklich strahlenden Müttern verbunden. Dabei wird leicht vergessen, dass die Schwangerschaft zugleich der Beginn eines großen Wandlungsprozesses ist, dem die Frau, der Mann und vor allem die Paarbeziehung unterworfen sind. Mit den körperlichen Veränderungen geht auch – manchmal fast unmerklich – eine Verwandlung im Seelenleben der Frau vor sich. Ob es große Umbrüche oder nur kleinere ungekannte Empfindungen sind, immer wirken sie auch auf die Partnerschaft. Die typische Übelkeit, die in den ersten Monaten manche Schwangere überkommt, kann auch als ein Zeichen gedeutet werden, dass die Frau jetzt mehr als sonst auf die Unterstützung und Rücksichtnahme ihrer Umwelt – vielleicht auch im Job – und vor allem ihres Partners angewiesen sein könnte. Zugleich mag es der einen oder anderen selbstständigen »Businessfrau« gar nicht entsprechen, sich dem Partner mit einer Schwäche zuzumuten.

Viele Paare kennen sich vor allem in der jeweiligen Rolle des emotional und finanziell unabhängigen Gegenübers und vielleicht auch beruflich Erfolgreichen. Solche »Single-Paare« haben es manchmal nicht so leicht mit einem Mehr an Bindung, die ein Kind immer bedeutet. Mit der Schwangerschaft kommt eine neue Qualität in die Partnerschaft. Da gibt es auf einmal Bedürfnisse und Fähigkeiten, die bisher möglicherweise unterbelichtet waren. Sich dem anderen beispielsweise mit einer Schwäche und Hilfsbedürftigkeit zumuten bedeutet auch, auf Vertrauen in der Beziehung zu setzen. Viele Männer blühen hier sogar auf, weil sie die Rolle des fürsorglichen Beschützers und Ernährers zeitweise ganz übernehmen dürfen. Es ist sicher etwas dran, wenn John Gray* schreibt, dass Männer gebraucht werden wollen.

Ich habe was, was du nicht hast

Gleichzeitig mit der neuen Hinwendung und Bindung zeichnet sich ein Paradoxon ab: eine nicht gekannte Abgrenzung der Frau gegenüber dem Mann. Es kann sein, dass sich die werdende Mutter bedeutend mehr mit inneren Veränderungen beschäftigt als mit den äußerlich sichtbaren. Und es kann sein, dass sie sich dem Partner darüber nur begrenzt mitteilen kann. Vielleicht will sie sich intensiver nur mit anderen Frauen darüber austauschen.

Wir vergessen mit unserem modernen Weltbild, zu der partnerschaftlicher Austausch und aktive Vaterschaft gehören, dass dies relativ neue geistige Errungenschaften sind, die sich zudem hauptsächlich auf die westliche Welt begrenzen. Was vor rund 150 Jahren bei uns noch selbstverständlich war, gilt noch heute in den meisten Kulturen: Schwangerschaft und Geburt sind rei-

---

* John Gray: *Männer sind anders. Frauen auch,* München: Goldmann 1993

ne Frauensache. Ein gewisser Rückzug nach innen, auch weg vom Partner, entspricht einem archaischen Grundbedürfnis, das sich Frauen durchaus erlauben sollten.

Die Entscheidung zum »Hin zu«

Es ist ganz natürlich, dass sich gerade der Frau zu Beginn dieses umwälzenden Veränderungsprozesses, den sie in sich wahrnimmt, viele Fragen stellen: Fragen nach der künftigen Berufsrolle und der weiteren Karriere, Fragen nach der körperlichen Attraktivität als Mutter, nach der eigenen Kraft und der notwendigen Unterstützung durch den Partner und Fragen nach den sozialen Beziehungen und Freundschaften. Es ist klar, dass diese Fragen verunsichern können. Jede Veränderung verunsichert. Eine wesentliche Entscheidung bei allen Veränderungsprozessen ist dabei die, ob ich mich mit dem »Weg von etwas (Bekanntem)« oder mit dem »Hin zu etwas (Neuem)« beschäftige. Es macht einen Unterschied, ob sich die Schwangere die Frage stellt: »Was verliere ich in Beruf, Partnerschaft, im sozialen Umfeld, wenn ich Mutter bin?«, oder die Frage: »Was gewinne ich hinzu?«

Sie werden merken, dass der Schwerpunkt der kreisenden Gedanken bei der ersten Fragestellung beim Festhalten liegt, bei der zweiten liegt er beim Loslassen. Wegen der Angst vor Veränderung ist die natürliche Reaktion Festhalten am Alten und Bekannten. Wahr ist aber auch, dass erst das Loslassen Freiräume für Neues schafft.

Schwanger im Job – und die Rolle der Väter

Es kann sein, dass bei aller Planung im Vorfeld und allen Absprachen im Job in der Schwangerschaft dennoch Unsicherheiten darüber auftauchen, welche Brüche in der Berufsbiografie der Frau bevorstehen. Es ist tatsächlich heute immer noch so, dass bei gleicher Bildung und Selbstständigkeit die Frauen auf Dauer den größten Anteil an der Familienarbeit tragen und daher die größeren Abstriche an der Karriere machen, wenn Kinder kommen. In den wenigsten Wirtschaftsunternehmen sind wirklich partnerschaftliche Regelungen möglich, die Frauen und Männer gleichermaßen beanspruchen. Und in unserer Gesellschaft ist das soziale Ansehen von Männern, die der Familie wegen beruflich zurücktreten, noch wenig ausgeprägt.

Dennoch seien alle Paare ermutigt, hier Neues zu beginnen und das Ungewöhnliche zu wagen. Beste Voraussetzungen für die Lust am Neuen schaffen Sie, wenn Sie in der Lage sind, sich beide an der Schwangerschaft, der Entwicklung des Babys im Bauch mit Stolz und Freude widmen zu können. Untersuchungen haben gezeigt, dass die Beteiligung des Vaters an der Kindererziehung direkt nach der Geburt davon abhängt, in welchem Maße er schon während der Schwangerschaft emotional einbezogen und wie tragfähig die Partnerschaft empfunden wird. Traut die junge Mutter dem Vater von Anfang an Einfühlungsvermögen und emotionale Stabilität zu, wird er sich auch später entsprechend mehr beteiligen.

Vielleicht bemerken Sie als Frau in Ihrem Berufsumfeld, dass Sie als Schwangere latenten Abwertungen ausgesetzt sind. Dass man Sie vielleicht jetzt schon als nicht mehr ganz vollwertig und belastbar ansieht. Und Ihnen schon jetzt die interessanten Aufgaben vorenthält. Vielleicht bemerken Sie, dass der Chef oder Kollegen es Ihnen insgeheim übel nehmen oder dass sie enttäuscht sind, weil Sie sie in Kürze mit der Arbeit allein lassen werden. Überprüfen Sie zunächst, wieweit dies auch Übertragungen aus eigenen Befürchtungen (schlechtes Gewissen?) sind. Manche Frauen reagieren dann mit Übereifer, weil sie zeigen wollen, dass sie sogar leistungsfähiger sind als vor der Schwangerschaft.

Besser ist: Besprechen Sie offen, was Sie stört. Wehren Sie sich gegen Überfürsorglichkeit, wenn Sie diese nicht brauchen. Und trauen Sie sich auch Unterstützung anzunehmen, wenn es nötig ist.

Die Gedanken und Sorgen über Ihren Berufsweg und auch über Ihre Erfahrungen als Schwangere im Job und über Ihre veränderte Rolle in der Partnerschaft sollten Sie mit dem Partner teilen. Es ist ganz normal, dass Sie bei allem Glücksgefühl hin und wieder von Ängsten und Sorgen geplagt sind. Geben Sie diesen Gefühlen Raum. Sonst besteht die Gefahr, dass sie größer, vielleicht übermächtig werden.

Werdende Väter haben in diesem Zusammenhang die Möglichkeit, über ihr Vaterschaftskonzept zu reflektieren und dabei ihren künftigen Anteil an der Kindererziehung und Familienarbeit unter die Lupe zu nehmen. Zahlreiche Untersuchungen über die Vaterrolle in den letzten beiden Jahrzehnten haben ergeben, dass die Bedeutung des Vaters für die kindliche Entwicklung weitaus wichtiger ist als zuvor angenommen. Vom Vater hängt es beispielsweise ab, ob es den jungen Erwachsenen später gelingt, ein gesundes Selbstwertgefühl zu entwickeln, und ob sie Verhaltensauffälligkeiten zeigen. Mütter hingegen beeinflussen die Qualität der sozialen Beziehungsfähigkeit. Die Lebenszufriedenheit der Kinder insgesamt prägt Väter wie Mütter in gleichem Umfang.[*]

Um in Kontakt über solche individuellen Fragen und partnerschaftlichen Prozesse zu bleiben, empfehlen wir auch für später eine regelmäßige Zeit zum Austausch. Hinweise und Hilfestellungen für eine konstruktive Gesprächsführung finden Sie in diesem Kapitel auf Seite 42 f.

---

[*] Wassilios Fthenakis: »Mehr Spielraum für Väter«, München 2001 (Aufsatz für die Väterkampagne der Bundesregierung, nachzulesen auf der Homepage www.fthenakis.de)

Aus dem Paar wird eine Familie

Wenn Paare eine Zeit lang verbindlich zusammen sind, stellt sich irgendwann ganz selbstverständlich die Frage ein: Wollen wir Kinder? Offenbar gibt es so etwas wie ein natürliches Bedürfnis des Menschen, sich fortzupflanzen und seine spezifischen Gene – sprich Eigenschaften – gemeinsam mit denen eines geliebten Partners weiterzugeben. Oder so etwas wie das Bedürfnis, sich mit den eigenen Kindern in die Vergangenheit und die Zukunft der eigenen Geschichte – und vielleicht der Menschheit – einzubinden.

Aus systemischer Sicht strebt zudem jede Zweierkonstellation über kurz oder lang nach einem verbindenden Dritten. Das tut sie, um sich zu stabilisieren. Immerhin steht es sich auf drei Beinen besser. Das ist ein Phänomen, das sich auch in der Natur vielfältig beobachten lässt.

Was also ließe sich probieren
um die Distanz zu regulieren
nun eine Lösung könnte sein
man zöge eine(n) Dritte(n) ein
der nunmehr Nähe kalibriert
und das System stabilisiert. *

Außer Festigung der Beziehung bedeutet die Dreierkonstellation jedoch auch einen Zuwachs an Dynamik, die spannend und zugleich konfliktreich ist. Zu dritt besteht nämlich die Tendenz, dass zwei Elemente gemeinsam auf ein Drittes schauen. Wir alle haben da automatisch das Bild vor Augen, wie sich das junge Paar glücklich über die Wiege mit seinem Baby beugt. Aber es gibt natürlich auch das Bild der stillen-

---

* Helm Stierlin: *Ob sich das Herz zum Herzen findet. Ein systemisches Paar-Brevier in Versen und Bildern,* Heidelberg: Carl-Auer-Systeme 2001

den Mutter, die innig verbunden mit dem Säugling fast eine Einheit bildet und auf den abseits stehenden Vater schaut. Weniger vertraut erscheint uns vielleicht ein Bild, in dem der Vater mit dem Säugling auf die entfernte Mutter blickt. Alle drei Bilder zusammen repräsentieren – wenn sie im ausgewogenen Verhältnis erlebt werden – eine gesunde Familiendynamik.

Für vieles im Leben haben wir eine Schule besucht oder eine irgendwie geartete Aus- oder Fortbildung gemacht: Berufsschule, Fahrschule, Koch- oder Sprachkurse und schließlich einen Kurs zur Geburtsvorbereitung. Für das Projekt Familie gibt es so etwas nicht. Die einzige Schule, die wir diesbezüglich durchlaufen haben, ist die eigene Familie.

Mit der Geburt des Kindes wird aus dem Paar eine Familie. Wie damit umgehen?, heißt die bange Frage. In greifbarer Nähe gibt es da für jeden nur die Modelle, die er oder sie bei Mama und Papa gesehen und erfahren hat. Diese Modelle haben wir alle – ob wir es wissen oder nicht – huckepack dabei. Ein Griff in den Rucksack, und schon ist die frisch gebackene Mutter oder der Vater erst einmal handlungsfähig.

Was aber, wenn sich hier schon ganz am Anfang die Muster des Mannes von denen der Frau fundamental unterscheiden, sich sogar widersprechen? Ein Beispiel: Sie hat ein aufgeschlossenes Elternhaus erlebt, in der die Mutter ebenfalls – wenn auch reduziert – gearbeitet hat. Er kennt das traditionelle Modell, in der der Vater das Geld nach Hause bringt, die Mutter für die Familie sorgt.

In der Phase, in der ein Familienleben beginnt sich einzuspielen – das könnten die ersten drei Monate nach der Geburt sein –, ist es besonders hilfreich, noch einmal den Blick auf das Familiengenogramm zu werfen.

Tun Sie dies jeder für sich mit der Fragestellung:

- Wie habe ich Vater und Mutter als Kind selbst erlebt?
- Wie passen unsere jeweiligen Modelle zusammen, worin unterscheiden sie sich?

Nur wenn du weißt, was du tust, kannst du tun, was du willst

Auch wenn die Modelle nicht oder nur unzulänglich zusammenpassen oder auch wenn sie gar nicht Ihren gegenwärtigen Vorstellungen entsprechen, ist es unabdingbar, sich darüber klar zu sein, was jeder so im Rucksack dabeihat. Denn das prägt mehr als jedes theoretisch angeeignete Wissen über das, was gut oder richtig ist. Dennoch sind wir nicht hoffnungslos unseren mitgebrachten Erbschaften ausgesetzt, denn der Mensch ist ein lernendes Wesen. Allerdings kann ich mein Familienverhalten nur ändern, wenn ich mir meine Modelle bewusst mache und anschließend mein aktuelles Verhalten daraufhin überprüfe. Erst im nächsten Schritt kann dann verändertes, neues Verhalten ausprobiert werden. Das gelingt vor allem im Dialog: wenn jeder dem Partner erlaubt, seine Beobachtungen des anderen zu schildern, und jeder auch bereit ist, sich damit auseinander zu setzen.

Regeln für konstruktive Paargespräche*

Führen Sie solche Gespräche nicht in emotional aufgeladenen Situationen. Denn es soll mehr dabei herauskommen als verallgemeinernde Zuweisungen nach dem Motto »Du bist schon genauso wie deine Mutter!«.

Lassen Sie einander ausreden und unterbrechen Sie nicht – manche Gedanken brauchen etwas Zeit, um sich zu entwickeln.

Sprechen Sie von sich selbst. Reden Sie in der Ich-Form und nicht von »wir« oder »man«.

Lassen Sie verallgemeinernde Zuweisungen und »Du-Botschaften« weg.

Geben Sie so viele Informationen wie nötig und gehen Sie nicht davon aus, der andere wüsste schon, worum es geht.

Bedenken Sie: »Meine Wirklichkeit ist nicht deine Wirklichkeit.«

Vermeiden Sie Rechthaberei und Unterstellungen – unsere Interpretationen von den Gedanken und Gefühlen des anderen sind manchmal falsch.

Kennzeichnen Sie in jedem Fall Ihre Wahrnehmung als Ihre eigene Interpretation: »Dein Verhalten löst in mir folgende Vermutung, Fantasie oder Angst aus ...«

---

*Literatur: Thomas Gordon: *Familienkonferenz*, München: Heyne 1989; Michael Lukas Moeller: *Die Wahrheit beginnt zu zweit. Das Paar im Gespräch*, Reinbek: Rowohlt-TB 1988

So früh wie möglich eine Familienkultur entwickeln

Ein Wort wie Familienkultur liest sich für ein junges Paar mit Säugling an dieser Stelle vielleicht erst einmal nur mit Fragezeichen. Aber es macht Sinn, so früh wie möglich so etwas wie eine Familienkultur zu entwickeln. So wie ein Unternehmen eine spezifische, zum Produkt passende Unternehmensphilosophie hat, die nicht starr ist, sondern sich den veränderten Marktbedingungen anpasst, so könnte auch Ihre kleine Familie eine eigene Philosophie entwickeln. Diese Philosophie, die wie eine Geschichte sein könnte, schreibt sich in fortlaufenden

Kapiteln mit rotem Faden und verändert sich mit den Verhältnissen. Diese Familienphilosophie kann eine Mischung aus bekannten Familienmodellen und neuen, angelesenen und über Medien oder über Freunde und Vorbilder entstandenen Vorstellungen sein.

Wenn Sie anfangen, Ihre Philosophie aufzuschreiben, stehen dann möglicherweise Sätze drin wie: »Unser Kind ist uns das Wichtigste. Wir sind daher bereit, jeder eine Zeit lang die Berufstätigkeit zu unterbrechen. Wir sind der Meinung, dass unser Kind auch bei anderen ausgesuchten Menschen oder Bezugspersonen gut aufgehoben ist. Daher kann es ab etwa dem ersten Lebensjahr auch von anderen Personen möglichst gemeinsam mit anderen Kindern betreut werden, damit wir unsere Berufstätigkeit verstärkt wieder aufnehmen können. Denn unsere Arbeit ist uns ebenfalls beiden wichtig.«

Oder: »Wir verstehen uns als Eltern und zugleich weiter als Paar. Wir achten darauf, indem wir uns Freiräume als Paar erhalten. Unsere wichtigsten gemeinsamen Aktivitäten sind zur Zeit ...«

Oder: »Wir legen beide Wert darauf, dass wir jeder neben dem Familienleben genügend Freiraum als Individuum mit Einzelinteressen und eigenen Freundschaften erhalten.«

Unsere Beispielformulierungen mögen für Sie vielleicht nicht zutreffen. Überlegen Sie, welche Sätze für Ihre neue Familie passen könnten.

Nicht von heimlichen Mythen und Mächten beeinflussen lassen

Bei der Entwicklung von eigenen Vorstellungen über die Organisation von Familienarbeit und deren Umsetzung stoßen wir unvermeidbar immer wieder auf Mythen. Mythen sind Geschichten, die uns immer wieder erzählt werden oder die wir uns selbst erzählen. Sie handeln davon, wie etwas »gehört« oder »wie es normal ist«. Dabei merken wir, dass – sosehr wir sie auch ablehnen – sie immer wieder auftauchen und uns beeinflussen. Manchmal nur in kleinen Situationen hören wir dann ein »Ich sollte doch ...« oder »Wir können doch nicht ...«. Und dann kann es sein, dass wir unser Handeln nach diesen Mythen richten und nicht nach dem, was wir uns reiflich und rational überlegt haben. Oder wir handeln rational und haben dabei schlechte Gefühle. Beides erzeugt Widerstände und kostet viel Energie. Die brauchen wir aber dringend woanders in der Familienarbeit. Nicht heimliche Mächte und Mythen sollen unser Leben steuern, sondern wir selbst. Daher unser Rat an alle angehenden Power-Paare: Verabschieden Sie sich zumindest von den zwei Mythen, die wir im Folgenden beschreiben.

Mythos Nummer 1 beschäftigt viele Frauen und lautet etwa: Männer haben keine Lust, sich um ihre Kinder zu kümmern. Oder die Variante: Männer können mit Babys und Kleinkindern nichts anfangen.

Untersuchungen haben gezeigt, dass es in erster Linie die Frauen sind, die sich schwer tun, eine der anstehenden Aufgaben in Bezug auf Babys oder Kleinkinder wirklich abzugeben und, vor allem, die Männer es auf ihre Weise tun zu lassen. Sobald die Mütter – manchmal auch gezwungenermaßen – loslassen, übernehmen die Männer gerne eine Aufgabe und sie machen ihre Sache erfahrungsgemäß gut. Ein Beispiel:

»Mein älterer Sohn war drei, der Kleine ein Jahr alt. Ich hatte zum zweiten Mal erst den 15-jährigen Nachbarssohn Robert als Babysitter für drei Stunden engagiert. Ich versicherte ihm, dass ich rechtzeitig wieder da sei, um den Kleinen zu wickeln und ins Bett zu bringen. Als ich mit einer halben Sunde Verspätung von meinem Termin ins Haus hetzte, erwartete ich ein schreiendes, übermüdetes Kind mit nassen Windeln und einen überforderten Babysitter. Aber es herrschte erschreckende Stille: Der Dreijährige und Robert spielten vergnügt im Wohnzimmer. Auf mein erstauntes Nachfragen antwortete der Junge lässig: »Der Kleine schläft längst. Er war so müde, da haben wir ihm einen Bananenbrei gemacht, ihn gewickelt und ins Bett gebracht.«

Männern Mut machen

Loslassen heißt vor allem eine neue innere Haltung entwickeln: »So, wie du es machst, ist es mir recht.« In dem Moment, in dem Frauen etwas anderes, vielleicht für sie sehr Wichtiges vorhaben, wie etwa die eigene Arbeit, erfahren sie in der Regel, dass die Väter das sehr gut können. Wenn sie allerdings nicht wirklich entschlossen sind, werden die Mythen vom unfähigen Mann schnell wieder übermächtig. Mit solchen Mythen im Kopf entstehen für einen selbst schnell negative Programmierungen als Selbstläufer:

»Wenn ich es nicht mache, macht es keiner.«

»Ich kann dies hier am besten.«

Verführerisch ist auch, die Kinder mit diesen Sätzen zunächst zu »füttern«, um sie dann anschließend wieder von den Kindern zu hören. Das klingt dann zum Beispiel so: »Du nicht, die Mama soll kommen.« Damit unterstützen die Kinder Ihren Mythos von der Unentbehrlichkeit.

Dennoch: Laufen Sie nicht in die »Keiner-hilft-mir-Falle«, die es für Männer natürlich in anderen Bereichen ebenso gibt: Das sind Bereiche, in denen sie sich allein kompetent fühlen.

Der erste Schritt zum Abschied vom Mythos ist: Machen Sie sich die Sätze klar, die Sie immer wieder an ein bestimmtes Verhalten festnageln. Schreiben Sie sie gegebenenfalls auf. Und stellen Sie die Mythen gemeinsam mit Ihrem Partner in Frage.

Der zweite Schritt zum Abschied vom Mythos ist: Geben Sie zunächst kleine Dinge ab. Schauen Sie, was das mit Ihnen macht. Und sagen Sie sich und dem Partner – vielleicht auch nur still – den Satz »So, wie du es machst, ist es mir recht«.

Wahrscheinlich kommen Ihnen hier schon 25 Ausreden in den Sinn, warum das gar nicht geht. Welche Ausreden haben Sie sich schon zurechtgelegt? Erst wenn Sie die ebenfalls loslassen, können Sie starten.

Der dritte Schritt zum Abschied vom Mythos ist: Treffen Sie klare Vereinbarungen darüber, wer welche Aufgaben übernimmt, und halten Sie sie ein. Dabei muss nicht jede kleine Erledigung festgehalten werden. Aber setzen Sie Schwerpunkte. Und achten Sie darauf, dass Sie dennoch mit den Vereinbarungen die Verhältnisse nicht so festzurren, dass Sie nicht wieder herauskommen.

Für den Fall, dass die Mutter am Anfang eine längere Elternzeit nimmt: Wäre es denkbar, dass die Besuche beim Kinderarzt Sache des Vaters sind, während sie in dieser Zeit etwas für sich tut, wie zum Beispiel ein gemütlicher Ratsch mit der Freundin oder ein Besuch im Fitnessstudio?

Mehr soziale Kompetenz durch Fremdbetreuung

Ein anderer Mythos – Nummer 2 – besteht in der Vorstellung, dass nur die dauerhafte Beziehung zwischen Mutter und Kind eine Garantie für zufriedene und psychisch gesunde Kinder darstellt. Daher hängt man insbesondere in Deutschland der Vorstellung an, dass Mutterschaft eine Berufung ist, die mit der Ausübung eines Berufes schwer zu vereinbaren ist, denn die Betreuung durch andere Personen wie Tagesmütter, Großeltern, Babysitter oder Krippenerzieherinnen richte letztlich Schaden in der Kinderseele an.

Das Gegenteil ist jedoch der Fall: Kinder profitieren von unterschiedlichen Bezugspersonen. Sie gewinnen an sozialer Kompetenz, wenn sie von Anfang an lernen, sich selbstverständlich auf verschiedene Menschen einzustellen und mit ihnen umzugehen. Die Kinder unserer skandinavischen oder französischen Nachbarn, die von klein auf ganztägig in Kindergärten und Schulen betreut werden, sind nicht neurotischer oder emotional gestörter als unsere und weisen auch keine Verwahrlosungserscheinungen auf. Sie sind womöglich sogar selbstständiger.

Die ausschließliche Bindung an die Mutter kann sogar belastend sein, vor allem dann, wenn die Mutter insgeheim oder auch offensichtlich andere Ansprüche an ihr Leben hat. Kinder spüren sehr genau, ob ihre Mutter zufrieden mit ihrer Situation ist oder ob sie mit ihren Gedanken und Sehnsüchten woanders ist. Sehr bald sind solche Kinder dann auch unzufrieden und quengelig – vermeintlicher Grund für so manche Mutter, ihr Kind erst recht nicht weggeben zu wollen. So entsteht ein Teufelskreis, den es zu durchbrechen gilt, um die Mutter-Kind-Beziehung zu entlasten.

Kinder gehören zudem unter andere Kinder. Spätestens nach dem ersten Lebensjahr ist es für Kinder wichtig, mit Gleichaltrigen zu spielen, sich zu messen und auszuprobieren. Manche Mütter oder Väter wollen das gar nicht so genau wissen, weil sie dann ihre Glaubenssätze in Frage stellen müssten: Mein Kind ist nur mit mir glücklich. – Ich bin nur eine gute Mutter, wenn ich meinem Kind zu 100 Prozent zur Verfügung stehe.

Oft sind es auch diese Glaubenssätze, die Mütter wie Glucken auf ihren Kleinkindern hocken lassen und die damit nicht einmal die Väter ranlassen. Eine Steigerung davon sind diejenigen, die währenddessen dauernd Klagelieder über ihr Schicksal als Mutter und Geschichten von dem, was sie alles aufgegeben haben, verbreiten.

Viele haben aber auch nur unterbewusst ein schlechtes Gewissen, das sie davon abhält, neues Verhalten auszuprobieren. Das schlechte Gewissen hat seinen Ursprung häufig in dem, was wir von unseren Eltern gelernt haben, oder auch nur in dem, was uns von unseren Mitmenschen wie Freundinnen, Schwiegereltern oder in den Medien erzählt wird. In ihrem Buch *Die deutsche Mutter* fordert Barbara Vinken eine gänzliche Revision des Mutterbildes: Eine Frau mit Kind solle als eine normale Erwachsene in einer Welt normaler gesellschaftlicher Verpflichtungen verstanden werden, anstatt ihren Wert mit einer »bedingungslosen Bereitschaft zur Selbstaufgabe und einem Rückzug aus der Öffentlichkeit« gleichzusetzen.

Hierzu eine Mutter: »Erst in dem Beratungsgespräch, mithilfe dessen ich mich beruflich neu orientieren wollte, merkte ich, wie sehr ich doch von den Reden meiner Schwiegereltern beeinflusst war, die seit Jahren auf mich einredeten, dass ich als gute Mutter doch nicht arbeiten und die Kinder von anderen Leuten betreuen lassen könne. Das hinderte mich indirekt daran, in meinem Beruf als Betriebswirtin neu zu starten.«

Auch hier gilt: Loslassen schafft neue Freiräume. Viele Eltern erzählen von den großen Schwierigkeiten, von Tränen und Geschrei, wenn sie ihr Kind in andere Hände geben. Nicht Ihr Kind hält sich aber an Ihnen fest, wenn Sie es dem Babysitter überlassen, sondern umgekehrt! Schauen Sie genau hin, wie viel Anteil Ihr eigenes Festhalten in solchen Situationen hat. Die Erfahrung zeigt, dass die Kinder mit dem Gezeter aufhören, sobald die Eltern außer Sichtweite sind.

Es ist für Ihr Kind in Ordnung, wenn Sie es von anderen Bezugspersonen betreuen lassen. Wichtig sind dabei lediglich verbindliche Beziehungen. Das Zuhause sollte so eine Art Hafen sein, von wo aus alle regelmäßig ausfahren, aber immer wieder zurückkommen. Wenn Sie als Einzelperson und als Paar zufrieden sind, dann spürt das Kind die Sicherheit dieses Hafens, auch wenn es tagsüber auf dem Meer herumschifft. Die Erfahrung von verbindlicher Sicherheit und Geborgenheit ist die Grundvoraussetzung für eine gesunde kindliche Entwicklung.

Es kommt nicht darauf an, dass Eltern viel Zeit mit ihren Kindern verbringen, sondern dass sie es *regelmäßig* und *intensiv* tun. Untersuchungen haben gezeigt, dass berufstätige Mütter durchschnittlich mehr Zeit mit ihren Kindern verbringen als Hausfrauen. Das liegt offenbar daran, dass Letztere die Kinder permanent um sich haben und sich daher nur ungern länger intensiv mit Kinderwünschen befassen. Sie sind oft abwesend und ungeduldiger im Umgang mit ihrem Nachwuchs. Wer dagegen von einem erfüllten Arbeitstag nach Hause kommt, freut sich in der Regel auf sein Kind und das Zusammensein mit ihm.

 ***Literaturtipps***

Fthenakis, Wassilios: »Mehr Spielraum für Väter«, München 2001 (Aufsatz für die Väterkampagne der Bundesregierung, nachzulesen auf der Homepage www.fthenakis.de)

Gordon, Thomas: *Familienkonferenz*, München: Heyne 1989

Gray, John: *Männer sind anders. Frauen auch*, München: Goldmann 1993

Moeller, Michael Lukas: *Die Wahrheit beginnt zu zweit. Das Paar im Gespräch*, Reinbek: Rowohlt-TB 1988

Stierlin, Helm: *Ob sich das Herz zum Herzen findet. Ein systemisches Paar-Brevier in Versen und Bildern*, Heidelberg: Carl-Auer-Systeme 2001

Weitere Empfehlungen

Le Camus, Jean: *Väter. Die Bedeutung des Vaters für die psychische Entwicklung des Kindes*, Weinheim: Beltz 2001

Vinken, Barbara: *Die deutsche Mutter. Der lange Schatten eines Mythos*, München: Piper 2001

Typische Stressfaktoren in der Kleinkindzeit

Unsere Darstellung von einem erfüllten Familienleben, in dem die Kinder von glücklichen Eltern profitieren, stehen natürlich immer wieder – darüber sind wir uns im Klaren – im krassen Gegensatz zu ganz anderen Erfahrungen und Erlebnissen in der ersten Kleinkindzeit. »Kinder eignen sich durch ihre schiere Existenz so vorzüglich zur Ehezerrüttung, daß man allein darüber ein Buch schreiben könnte«, schreibt Eleonore Höfner in *Die Kunst der Ehezerrüttung*: »Die Anwesenheit von Kindern macht aus Eltern Wracks mit zittrigen Händen, denen mitten im Satz die Augendeckel zufallen.«

Nicht nur, dass Säuglinge und zahnende Kleinkinder Ihnen den so dringend nötigen Nachtschlaf rauben, sie sind auch tagsüber Anarchisten der Zeit. Sie haben genau dann Hunger, wenn sie Hunger haben, brauchen dann eine zugewandte Mutter oder einen aufmerksamen Vater, wenn im Erwachsenenleben gerade etwas ganz anderes ansteht. Eine aktuelle Untersuchung im Auftrag der Westdeutschen Landesbausparkasse LBS unter Leitung des Familienforschers Wassilios Fthenakis hat gezeigt, dass sich die Kommunikation von Paaren in den ersten Jahren nach der Geburt eines Kindes deutlich

51

verschlechtert: Streit nimmt zu, Sexualität und Zärtlichkeit nehmen ab.*

Geteilte Aufmerksamkeit

Egal, ob sie oder er beim ersten Kind eine Zeit lang mehr zu Hause ist, es geht in dieser Phase darum, zu vermeiden, dass sich Frust und Stress ansammeln, die dann über dem oder der Heimkehrenden ausgeschüttet werden. Durch die plötzliche Trennung der Lebensbereiche hat bald jeder Fantasien darüber im Kopf, was der andere im Job tut oder zu Hause mit dem Kind, wie gut es ihm dabei vielleicht geht, welche Vorteile er genießt und vieles mehr. Für beide gilt aber gleichermaßen, dass sie erst lernen müssen, mit der veränderten Lebenssituation umzugehen.

»Wie viele Male habe ich es erlebt, dass nicht einmal ein geruhsames Telefonat mit einer Freundin möglich war: Mein Sohn spielt selbstvergessen in seiner Wippe und scheint rundum zufrieden. Eine gute Gelegenheit für das lange aufgeschobene Gespräch mit der besten Freundin. Nach spätestens drei Minuten fängt ein unleidiges Gequengel an, nach fünf Minuten muss ich schon in den Hörer schreien und gebe nach weiteren drei Minuten entnervt auf. Wieder mal taucht das Gefühl auf, dass ich mich für mein Kind von der Welt isolieren muss ...«

Selbstverständlich dürfen Sie sich nicht von der Welt isolieren: Das hätte zur Folge, dass Sie sich am Abend auf den heimkehrenden Partner stürzen. Achten Sie einmal auf den Unterschied bei Ihrem Kind, ob Sie beispielsweise Zeitung lesen, bügeln oder eben ein längeres Telefongespräch führen: Das Telefonieren mit anderen Menschen nimmt die eigene emotionale Aufmerksamkeit in Anspruch. Kinder nehmen wahr, dass Vater oder Mutter dann nur noch physisch anwesend ist.

---

*Mehr über die noch nicht erschienene Untersuchung finden Sie unter www.fthenakis.de

»Felix hatte als erstes Spielzeug ein kleines rosafarbenes Telefon, das er nur ungern aus der Hand gab. Lange bevor er sprechen konnte, liebte er es, versonnen in den Hörer hineinzubrabbeln.« Dieses Kind spiegelt seinen Eltern, wie wichtig es die Erwachsenen mit dem Telefon haben.

Viele Eltern machen den Fehler, dass sie erst lange versuchen, beides zu machen. Das Kind wird mit der Flasche oder einem Spielzeug hingehalten und mit ein paar Streicheleinheiten vertröstet. Das Telefonat dauert dadurch noch länger, nach dem Motto »Wo waren wir stehen geblieben?«. Wer ehrlich ist, stellt fest, dass am Schluss niemand zufrieden ist. Das Gespräch blieb an der Oberfläche, weil man sich nicht richtig einlassen konnte, das Kind heult trotzdem und man selbst ist gestresst und erschöpft. Energiesparender ist es, sich zu entscheiden.

Geben Sie Ihrem Kind lieber zehn Minuten ungeteilte Aufmerksamkeit als eine Stunde erzwungene und halbherzige Hinwendung. Je kleiner das Kind ist, desto eher müssen Sie sofort auf seine Wünsche reagieren. Das erfordert am Anfang von Mutter oder Vater eine erhöhte Flexibilität, die Ihnen in der Form im Job eher nicht abverlangt wird. Da ist es erforderlich, wirklich innezuhalten und auf das kindliche Bedürfnis einzugehen. Anfangs sträubt man sich verständlicherweise gegen eine solche Tyrannei, aber jede Form des Widerstandes, also der Versuch, irgendetwas Angefangenes »noch eben fertig machen« zu wollen, raubt unnötige Energien und macht noch mehr Stress.

Alles, was funktioniert, ist gut!

Achten Sie auf die Dinge, die gut funktionieren. Was nicht geht, geht nicht, ist eine andere wichtige Weisheit. Handeln Sie nicht nach dem Motto »Wenn ich mich nur noch mehr anstrenge, klappt es vielleicht«. Besser ist: Was mir und meinem Kind offensichtlich gut tut, das setze ich fort. Was nicht, stelle ich ab, je früher, desto besser.

Im ersten Lebensjahr kann man ein Kind nicht wirklich erziehen, sondern muss vornehmlich für es sorgen. Vielen Müttern und Vätern hilft es, wenn sie sich für diese Zeit eine Art Butler-Mentalität angewöhnen. Erst im zweiten bis dritten Lebensjahr kann man das Wörtchen »später« einführen. Probieren Sie aus, was schon klappt. Bleiben Sie dabei flexibel, aber halten Sie unbedingt Ihre Versprechen ein, wenn Sie Ihr Kind auf später vertröstet haben. Sonst wird es bald weiterquengeln, wenn es damit rechnen muss, enttäuscht zu werden.

In der nächsten Altersstufe ist es möglich, das Kind bei vielen Tätigkeiten schon Stück für Stück zu integrieren in das, was Sie und Ihr Partner gerade tun. Ob es Küchenarbeit ist oder ob Sie am Schreibtisch arbeiten, probieren Sie aus, wie Sie sich mit dem Kind beschäftigen können, es dabei Ihre Aufmerksamkeit und Anerkennung hat und Sie dennoch etwas erledigen können. Viele Seiten dieses Buches wurden geschrieben, während unsere Kinder am Tisch daneben saßen und Hausaufgaben machten. Bleiben Sie auch hier flexibel. Wenn Sie gestern problemlos Ihre neunmonatige Tochter mit in eine Besprechung nehmen konnten, ist es durchaus möglich, dass Sie Ihnen heute schon beim Friseur vollständig einen Strich durch die Rechnung macht.

Insbesondere für berufliche Telefonate gilt: Prüfen Sie genau, was zu schaffen ist und ob Sie das in Anwesenheit Ihres Babys erledigen können und wollen. Häufig ist es besser, sich dafür wirkliche kleine Freiräume zu verschaffen – vielleicht auch durch einen Babysitter.

Übrigens: Die geteilte Aufmerksamkeit belastet auch die Partnerschaft. Wenn die Ehefrau ihrem Zeitung lesenden Partner von wichtigen Erlebnissen erzählt, ist der Ehestreit vorprogrammiert. Sie gibt ihm keine Wertschätzung für seine Interessen. Er, der nur mit einem Ohr zugehört hat, zeigt im Gegenzug auch ihr nicht die entsprechende Wertschätzung für das, was ihr wichtig ist.

Wichtig ist also:

1. Wenn ich dem anderen etwas mitteilen möchte, achte ich selbst darauf, dass mein Gegenüber mir überhaupt zuhören will oder kann. Ist das nicht der Fall, sollte ich einen guten Zeitpunkt dafür einfordern: »Wenn nicht jetzt, wann dann?«

2. Derjenige, der angesprochen ist, sollte ein deutliches Stopp signalisieren, wenn er gerade mit etwas anderem beschäftigt ist. Dabei sollte unbedingt ein späterer Zeitpunkt so konkret wie möglich benannt werden: »In einer Stunde« oder »Wenn ich diesen Artikel fertig gelesen habe«, und nicht: »Ach, lass uns doch später mal darüber reden«.

Es gibt immer wieder Zeiten, in denen man wünscht, der Tag möge 48 Stunden haben. Und gerade dann will natürlich das Kind dauernd etwas. Gerade da ist die Gefahr groß, dass man vieles nur halb macht. Über den Tag sich hinziehende geteilte Aufmerksamkeit produziert jedoch erst ein permanent quengelndes Kind und einen latent nörgelnden Ehepartner. Wenn Sie merken, dass Sie in so einem Kreislauf verstrickt sind, halten Sie inne, holen tief Luft und wenden sich zehn Minuten mit Liebe und voller Aufmerksamkeit dem Kind oder dem Partner zu. Das ist erstens erholsam und schafft zweitens Freiraum für die anschließenden Tätigkeiten.

Schwierigkeiten miteinander statt gegeneinander lösen

Nervenzehrend sind für die meisten Paare durchwachte Nächte am Bett von zahnenden oder schlecht träumenden Kindern. Die Regel ist, dass am Morgen einer schlecht geschlafen hat und dann dem anderen noch Vorwürfe macht und neidisch ist, dass dieser ausgeruht ist. Oft schwebt irgendwann, wenn die erste Euphorie abgeklungen ist, die latente Erwartung im Raum, dass derjenige, der zum Arbeiten geht, schlafen darf.

Die Frage sollte jedoch sein: Wie können wir das Ganze *miteinander* statt gegeneinander lösen?

Lassen Sie sich darauf ein, was gerade ansteht. Also: Wer braucht gerade seinen Schlaf besonders dringend? Sie werden merken, dass sich von selbst ein gewisser Ausgleich einpendeln wird. Starre Abmachungen würden hier eher kontraproduktiv wirken. Sie führen oft zu Vorwürfen darüber, dass sie nicht eingehalten wurden.

Wenn Sie aus Geschäftsbeziehungen gewohnt sind, immer den gesunden Ausgleich von Geben und Nehmen anzustreben, so bedenken Sie, dass für Liebesbeziehungen gilt: Immer etwas mehr geben als bekommen.

Väter sind heute bei der Geburt oft dabei, schneiden die Nabelschnur durch und können Babys wickeln. Sie stehen auch nachts auf und wiegen weinende Säuglinge wieder in den Schlaf. Da es bisher noch meist die Väter sind, die in der Kleinkindphase den Großteil der Erwerbsarbeit leisten, sind sie es auch, die sich nach der ersten Begeisterung – spätestens beim zweiten Kind – aus der »Nachtarbeit« ausklinken. Achten Sie darauf, dass dies in einer Weise geschieht, die für alle tragbar ist. Noch besser ist es, sich die Verhaltensmuster und Gefühle aus der ersten Säuglingsphase, als alles noch »von selber« ging, immer wieder vor Augen zu führen und so weit wie möglich daran anzuknüpfen. Denn auch hier gilt: »Geteiltes Leid ist halbes Leid.«

Wichtig ist hier, eine Regelung zu finden, die auch dem daheim bleibenden Elternteil Kraft lässt, sich beruflichen Dingen zuzuwenden. Und sei es zunächst nur, Fachzeitschriften oder Fachbücher zu lesen, um am Ball zu bleiben. Das kann niemand, der allein die Last der durchwachten Nächte tragen muss.

Einschlafrituale helfen Kind und Eltern

»Unser Kind schläft abends nie vor elf ein. Oft trage ich abends allein unsere Tochter durchs Wohnzimmer, während mein Mann schon erschöpft ins Bett gefallen ist.«

Für gemütliche Gespräche beim Glas Wein oder gemeinsame Leseabende bleibt da wenig Raum. Kein Wunder, wenn sich bei vielen Paaren dann die Gewohnheit einschleicht, dass einer sich abends davonmacht zum Sport, in die Kneipe oder ins Kino mit Freundinnen. Das ist zunächst einmal in Ordnung, weil diese Aktivitäten neben Familie und Job auf keinen Fall zu kurz kommen dürfen. Wichtig ist aber auch, dass Sie frühzeitig dafür sorgen, dass Sie als Paar Raum für gemeinsames Tun ohne Kind erhalten. Das könnte auch abends sein, wenn das Kind schläft.

Feste Einschlafrituale helfen den Kindern, sich in das Alleinsein im abgedunkelten Zimmer zu fügen und der Müdigkeit nachzugeben. Wählen Sie dabei das, was für alle funktioniert. Und gehen Sie dabei nicht über Ihr eigenes Gefühl hinweg. Das gilt vor allem für die gesammelten Ratschläge aus Büchern oder von Großmüttern. Ob es Schlaflieder sind oder Vorlesen, welches Ritual Sie auch immer nehmen, geben Sie ihm einen festen Zeitpunkt, nehmen Sie sich Zeit dafür und halten Sie es konsequent ein. Das erfordert zwar von den Eltern Disziplin, schafft aber viel Freiraum.

Exkurs: Rituale

Es ist keine Mär, dass Väter abends das Baby im Schlafanzug ins Auto setzen und so lange in der Stadt herumfahren, bis es schläft. Und dass das Kind dann ganz vorsichtig ins Bettchen transportiert wird. Und wenn es dabei wach wird, das Ganze so lange wiederholt wird, bis es endlich klappt.

Vielleicht kennen Sie auch die Story von dem Kind, das nur essen wollte, »wenn der Papa dabei Grimassen macht«. Nach einiger Zeit wollte es nur essen, wenn der Papa dabei auch noch die Hand in der Luft dreht. Das Ende könnte dann so aussehen, dass der Vater mit der einen Hand das Kind füttert, sich dabei von der Leiter beugt, einen Papierhut auf dem Kopf, das eine Bein abgespreizt, wippt ...

Fazit: Wählen Sie Rituale, die funktionieren und die für alle leicht durchzuführen sind.

Das gilt auch für Abschiede zum Beispiel in der Krippe oder bei der Tagesmutter, fürs Anziehen oder ähnliche angeblich »schwierige Themen«. Manchmal kann auch eine »verrückte« Lösung die richtige sein. Gehen Sie auf die Kinder ein und schauen Sie, was sie brauchen. Scheinbare Verrücktheiten bringen die Erwachsenen manchmal aus ihrer Verbitterung und geben ihnen eine neue Perspektive auf die Dinge.

Ein wunderbares Beispiel für eine gelungene »Form des Innehaltens« und »den Blick öffnen« findet sich im Bilderbuch *Lotte will Prinzessin sein* von Doris Dörrie, das wir an dieser Stelle auch den Eltern empfehlen.

Beim zweiten Kind wird alles anders

Manch einem wird es nützen, sich in Gedanken einmal in die Zukunft zu begeben und sich vor Augen zu halten, wie es wohl in ein paar Jahren mit dem zweiten oder sogar dritten Kind sein wird. Die Erfahrung zeigt nämlich, dass meist beim zweiten Kind alles besser wird. Die Zweiten schlafen oft besser durch, sind emotional häufig unkomplizierter und haben weniger Bauchweh. Woher kommt das nur? Einen Grund können wir Ihnen verraten: Die Eltern sind aufgrund ihrer Erfahrung beim zweiten Kind innerlich einfach gelassener und strahlen mehr Ruhe aus. Dadurch ist das Kind selbst ausgeglichener (siehe auch Kapitel »Zwei, drei, vier oder mehr?«, Seite 145 ff.).

Ein Beispiel aus eigener Erfahrung: Wir saßen spätabends mit unseren Gästen am Tisch und führten angeregte Gespräche.

Im ersten Stock fing die zwölf Monate alte Charlotte – unser drittes Kind – an zu weinen. Mein Mann und ich schauten uns nur an und blieben beide sitzen. Als das Weinen nach einiger Zeit lauter wurde, sprach uns Werner an, der mit seiner Frau das erste Kind im selben Alter hatte. Er sei schon ganz nervös, warum wir nicht hingingen. Wir beruhigten ihn damit, dass wir unsere Tochter kennen, sie werde bald wieder einschlafen. Außerdem sei es doch so gemütlich gerade. Kurz darauf schlief Charlotte tatsächlich ein.

Menschen kommunizieren über alle ihre Sinne und über ihr Verhalten – manchmal auch bis in den ersten Stock. Hektische, gestresst agierende Eltern oder solche, die ihre Unruhe zu verbergen suchen, geben dem Kind vielfältige körpersprachliche Signale, die bedeuten: Irgendetwas ist nicht in Ordnung.

Kommunikation ist kein linearer, sondern ein kreisförmiger Prozess, bei dem man manchmal nicht weiß, was zuerst da war. Vielleicht war da zuerst ein Baby, das auf eine kleine Veränderung wie Lichteinfall oder Flugzeuglärm mit einem Wimmern reagiert. Der Vater ist leicht verunsichert, was es denn wohl hat. Er nimmt es hoch, um es zu trösten. Das Kind spürt die Verunsicherung und schreit lauter, was beim Vater einen Schweißausbruch produziert ...

Vielleicht probieren Sie einmal in einer kritischen Situation so zu tun, als ob: als ob Sie schon drei Kinder hätten und viel Erfahrung, als ob Sie genau wüssten, was das bockige Baby denn will – und beobachten Sie, wie Ihr Kind reagiert. Das ist nicht für jeden machbar, aber einen Versuch wert.

Let's talk about sex

Beim Durchblättern von Frauenzeitschriften ertappen sich Eltern über kurz oder lang dabei, dass sie sich plötzlich für Themen interessieren, die sie vorher für albern und überflüssig hielten: »Wie bringe ich neuen Schwung in unseren Sex«, oder: »So wird Sex wieder spannend«. Nicht nur, dass die Frau eine gewisse Zeit braucht, sich mit den Veränderungen ihres Körpers zurechtzufinden, auch der Einfluss der kleinen Zeitchaoten auf ihr Liebesleben ist – ob Sie es wahrhaben wollen oder nicht – einfach riesengroß.

»Die Nächte mit Kindern sind von Anfang an eine nie versiegende Quelle der Zerstörung ihrer sexuellen Gewohnheiten. Zunächst sind Sie so erschöpft von den ständigen nächtlichen Unterbrechungen, daß Ihnen Sex nicht einmal flüchtig in den Sinn kommt. Sollte Ihr Mann – der nun froh ist, daß Sie nicht mehr wie ein Fesselballon aussehen, und der die Erinnerung an frühere schöne Stunden keineswegs so leicht verliert – sollte er Sie ganz zartfühlend daran erinnern, dann sind Sie schon wieder eingenickt, bevor Sie ihm antworten können. Wenn aus diesem herzigen, rosigen Bündel, das Sie vierundzwanzig Stunden in Atem hält, ein kleiner Anarchist von ein bis zwei Jahren geworden ist, der nachts eigenmächtig das Bett verlassen kann, geht der Spaß erst richtig los ...«

Dies und mehr »Ermutigendes« schreibt Eleonore Höfner auf Seite 107 f. in ihrem bereits zitierten Buch *Die Kunst der Ehezerrüttung* zum Thema Sexualität. Wir pflichten ihr bei, dass nun vorerst Schluss ist mit spontanen Anfällen von Lust und wildem Sex am Nachmittag. Dennoch sind wir der Meinung, dass jedes Paar dieser scheinbaren Unausweichlichkeit einiges entgegenzusetzen hat:

1. Sind Sie sicher, dass Ihr Baby mit einem Jahr noch im Ehebett schlafen muss? Wir glauben das nicht. Gewöhnen Sie Ihr Kind so früh wie möglich an sein Zimmer. Und wenn das Ehebett belegt ist, bleibt Ihnen die Wohnzimmercouch oder ein anderer Ort. Hier ist Kreativität gefragt.
2. Wenn Spontaneität nicht möglich ist, dann planen Sie ein bisschen. Auf keinen Fall aber Detailplanung nach dem Motto »Wenn ... dann ...«. Zu viel Planung ist der Erotik

abträglich, zumindest trifft das für viele Frauen zu. Da gilt es herauszufinden, was passt.

3. Frauen haben in der Kleinkindphase ihr gesamtes Bedürfnis nach Nähe über das Kind abgedeckt, das sie dafür dringend braucht. Im systemischen Denken geht man davon aus, dass jeder dahin geht, wo er gebraucht wird. Das könnte bedeuten, dass die Frau in dieser Zeit in Bezug auf Sexualität wenig braucht. Denn für sie hat Sex sehr viel mit Nähe zu tun.

4. Manchen Männern, die plötzlich die Mütterlichkeit in ihrer Frau entdecken, gefällt das so gut, dass sie diese Fürsorge und Zuwendung auch für sich erwarten – und sich als weiteres Kind hinten anstellen. Aber Achtung: Das zerstört die Erotik! Die Natur hat bei der Frau eine Bremse eingebaut: Dort, wo sie Mutter ist, hat sie keine sexuellen Neigungen.

5. Es könnte gut sein, dass der Mann von seiner Frau mehr bekommt, wenn er sich intensiver mit dem Baby befasst und ihr damit Freiräume für ihr Frausein schafft. In letzter Konsequenz könnte das sogar bedeuten, dass ein Balance-Modell, indem beide reduziert arbeiten, dem Liebesleben eines Paares zuträglich ist.

6. In Wirklichkeit ist es jedoch bislang so – das zeigen Zeitbudget-Untersuchungen –, dass Väter nach der Geburt eines Kindes in der Regel mehr arbeiten, ja sich sogar in Arbeit stürzen und vielleicht den Workaholic in sich entdecken. Väter können in mehrfacher Hinsicht profitieren, wenn sie Zeit in die Kindererziehung investieren. Sie erleben ihr Kind mit allen Freuden und Nöten, sie bekommen unhinterfragte Liebe und viel Nähe. Dabei entwickeln sie ganz neue Perspektiven und – als Nebeneffekt – merken sie vielleicht selbst, dass Sex eine Zeit lang etwas in den Hintergrund rückt. Und sie haben dennoch mehr von ihrer Partnerin, auch in Liebesdingen.

7. »Männer fühlen sich geliebt, wenn sie guten Sex haben, Frauen haben guten Sex, wenn sie sich geliebt fühlen.« Diesen Satz von John Gray sollten Sie sich beide immer wieder zu Gemüte führen. Und vielleicht auch dabei darauf achten, was Sie vom jeweils anderen Geschlecht dabei lernen können.

8. Auch wenn Planung der Erotikkiller Nummer eins ist, so sollten Sie feste Zeiten planen, die Sie ohne Kind verbringen, zu denen Sie einen Babysitter haben oder das Kind schläft oder bei Freunden oder den Großeltern ist. Auch wenn Sie für diese Zeiten keinen Kinoabend oder einen Besuch bei Freunden geplant haben, tragen Sie sie in den Kalender ein: Montag, 21 bis 23 Uhr: Zeit für uns!

»Seit der Geburt unseres Sohnes sind wir nicht mehr gemeinsam zum Tanzen gegangen. Marvin ist jetzt sechs. Irgendwie haben wir den Zeitpunkt verpasst, ihn den Großeltern oder einem Babysitter zu geben. Inzwischen nehmen wir ihn abends oft mit, allerdings zum Tanzen geht das nicht. Dabei sind wir beide immer leidenschaftliche Tänzer gewesen.«

Damit Ihnen nicht Ähnliches passiert, sollten Sie sich in jedem Fall regelmäßige Auszeiten vom Kind schaffen, damit Sie das Elternsein immer wieder mit dem Paarsein vertauschen können. Dafür müssen Sie sich so früh wie möglich Unterstützung holen. Nur so können Sie Situationen schaffen, in denen Erotik entsteht, in denen Sie sich liebevoll austauschen. Dann finden sich von alleine Gelegenheiten für Sex.

Paarkultur als Voraussetzung für Balance

Es gibt Paare, denen sieht man an der Nasenspitze an, dass sie Eltern sind, die nur zufällig ihre Kinder nicht dabeihaben. Sie haben ihre Elternschaft zum Hauptberuf gemacht – vielleicht auch, weil sie glauben, dass sie neben Berufstätigkeit und Kindererziehung keine Zeit mehr für sich als Paar haben. Es könnte sein, dass man sie an einer leicht gebückten Haltung und an sorgenvoll-glücklichen Mienen erkennt. Vielleicht ist es das, was so viele Singles abschreckt, eine Familie zu gründen.

Es gibt aber auch Paare, denen glaubt man es kaum, wenn sie erzählen, dass sie zu Hause einen Stall voller Kinder haben. Sie haben – wie auch immer – rechtzeitig und dauerhaft bewusst oder unbewusst dafür Sorge getragen, dass sie als Paar weiterexistieren, auch wenn ihre Kinder einen großen Raum in ihrem Leben einnehmen.

Unsere Botschaft aus diesem Kapitel lautet: Fangen Sie gleich an, so eine Paarkultur bewusst zu gestalten. Warten Sie nicht, »bis das Kind größer ist«. Meist ist dann schon das zweite unterwegs und gewisse gewohnheitsmäßige Unterlassungen haben sich dann bereits eingeschlichen. Versuchen Sie dabei nicht mit Gewalt alles aus Ihrem Leben vor dem Kind in die

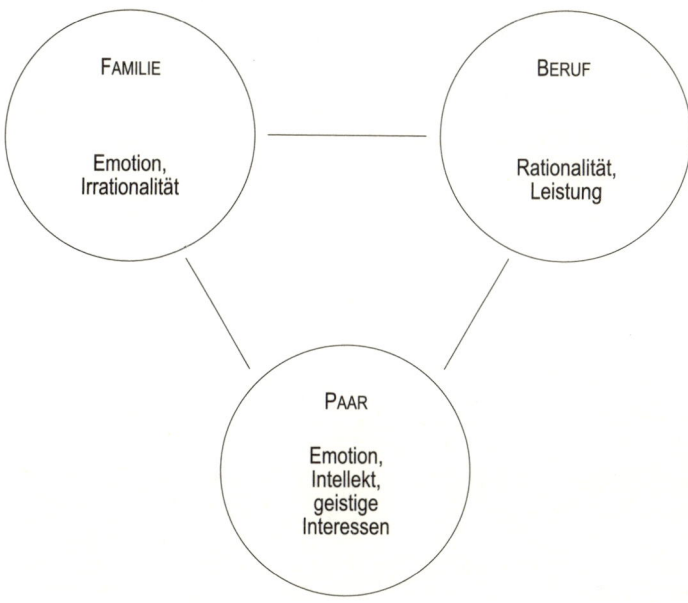

neue Lebensphase mit herüberzutragen. Das wird nicht gelingen. Schauen Sie genau hin, was Sie mitnehmen können und was Sie neu gestalten müssen.

Auch wenn in den ersten Monaten oder gar Jahren nur ein Elternteil arbeitet, ist die frühzeitige Entwicklung einer Paarkultur unserer Meinung nach ausschlaggebend dafür, dass die richtige Balance zwischen Familie und Beruf gelingt. Denn zwischen den beiden Polen Familie und Beruf steht dann in einem Dreiersystem das Paar, das eine ausgleichende Funktion hat. Es steht für die Erwachsenenwelt, für geistige Interessen und Erotik. Es vermittelt zwischen der rationalen Berufswelt und der emotionsbetonten Kinderwelt und sorgt dafür, dass keines von beiden zu starkes Übergewicht bekommt. Machen Sie sich keine Sorgen, dass Ihr Kind dabei zu kurz kommt. Eltern können darauf vertrauen, dass Kinder sich die Liebe und Zuwendung holen, die sie brauchen.

Geben Sie Ihre Kinder lieber hin und wieder mal ab, damit Sie für sich selbst Kraft tanken können, als dass Sie sie dann vielleicht für immer weggeben müssen, weil Sie weder für sich als Paar noch für die Kinder »genug haben«, so wie es die Gebrüder Grimm sehr eindrucksvoll in *Hänsel und Gretel* beschrieben haben. Da heißt es über den Vater von Hänsel und Gretel:

»Wie er sich nun abends im Bette Gedanken machte und sich vor Sorgen herumwälzte, seufzte er und sprach zu seiner Frau: ›Was soll aus uns werden? Wie können wir unsere armen Kinder ernähren, wenn wir für uns selbst nichts mehr haben?‹«*

Das »nichts mehr haben« gilt vordergründig natürlich dem Essen. Hungern können Menschen aber auch nach Liebe und Zuwendung. Dahinter könnte also auch stecken, dass die Eltern – die sich zudem im Bett darüber unterhalten – für sich als

---

*Aus: *Im weiten, bunten Märchenland*, München: Süd-West Verlags GmbH, o.J., Seite 70

Paar keinen Freiraum für Liebe und Erotik mehr haben, wo doch die Versorgung der Kinder sie so sehr in Anspruch nimmt.

Die weitere Geschichte kennen wir: Die Kinder werden in den Wald geschickt. So grausam diese Lösung im Märchen anmutet, so realitätsnah wirkt sie heute angesichts der vielen Kinder, die sich bei anhaltenden Ehestreitigkeiten und Scheidung »in den Wald geschickt« fühlen.

Folgende Paarkultur-Regeln fassen das Kapitel zusammen:

1. Raum geben – Raum nehmen

Jeder Elternteil hat Anspruch auf individuellen Freiraum für eigene Interessen, Freunde, auch Urlaub und einfach nur »Zeit«.

2. Kinderfreie Zonen schaffen

Das Paar muss sich Freiräume – vielleicht auch Orte in der Wohnung – schaffen, in denen es immer wieder kleine Dinge für sich ganz allein ohne Kinder tut: Musik hören, spazieren gehen, joggen, Kino, Sauna ... Planen Sie diese Zeiten und tragen Sie sie in Ihren Kalender ein.

3. Fragen Sie regelmäßig: Wie geht es dir gerade?

Nutzen Sie diese Freiräume auch für einen regelmäßigen Austausch darüber, wie es Ihnen geht und was Sie vielleicht vom anderen brauchen.

Mindmap »Schöne Dinge für uns«

Mindmapping ist eine kreative Methode, mit der Sie als Paar und später mit großen Kindern planen und Ihre Ideen und Vorstellungen sichtbar machen können. Zugleich bietet eine Mindmap – quasi eine »Landkarte im Hirn« – einen Überblick über den Stand der Umsetzung Ihrer Vorhaben.

An dieser Stelle laden wir Sie ein, mithilfe dieser Methode alles, was der Pflege der Paarkultur dient, zu planen, nach dem Motto: Was tut mir persönlich gut – was tut uns als Paar gut? Hier dürfen auch kleine Dinge stehen, die Sie für selbstverständlich erachten, die aber oft unter den Tisch fallen. Das könnte zum Beispiel sein: Blumen auf den Tisch stellen oder sich gegenseitig vorlesen.

Fangen Sie mit einer einfachen To-do-Liste an, in der Sie alles sammeln, was Ihnen zu diesem Thema einfällt. Hier schreibt man möglichst konkrete Dinge auf, die aber noch keinen genauen Termin haben.

So könnten Ihre To-do-Listen aussehen:

Sie	*Er*	*Wir*
Fitnessstudio Freundinnen-Stadtbummel Lesung/Vortragsabend ein Wochenende mit der Freundin in einer Pension am See	Rad fahren mich mit Freunden treffen Schach spielen eine Woche Ski fahren	tanzen Kino Theater: »Sommernachtstraum« im XX-Theater spazieren gehen Tennis spielen shoppen gehen gemeinsames Wochenende: Hüttentour

Die Mindmap umfasst einen konkreten Zeitraum, zum Beispiel drei Monate. Hier ordnen Sie nach nebenstehendem Muster (siehe Seite 67) die Vorhaben aus der Liste einem Monat zu und tragen so bald wie möglich ein Datum dazu ein. Sicher werden Sie nicht alle Ihre Wünsche realisieren. Prüfen Sie regelmäßig, welche Vorhaben Sie noch mal aufnehmen wollen und welche Sie streichen wollen, da Sie zur Zeit nicht wirklich Lust darauf haben.

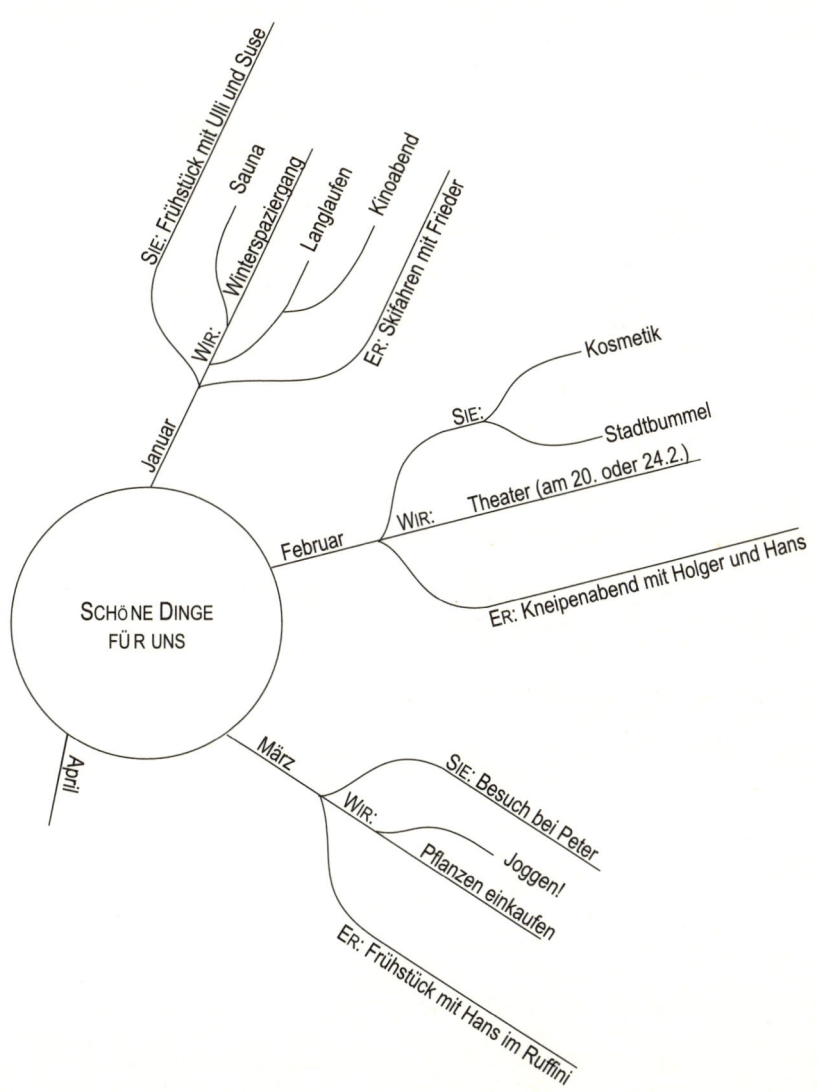

SCHÖNE DINGE FÜR UNS

Januar
SIE: Frühstück mit Ulli und Suse
WIR:
Sauna
Winterspaziergang
Langlaufen
Kinoabend
ER: Skifahren mit Frieder

Februar
SIE:
Kosmetik
Stadtbummel
WIR: Theater (am 20. oder 24.2.)
ER: Kneipenabend mit Holger und Hans

März
WIR:
SIE: Besuch bei Peter
Joggen!
Pflanzen einkaufen
ER: Frühstück mit Hans im Ruffini

April

67

Der Sinn einer Mindmap besteht darin, dass sie sich permanent verändert. Gehen Sie kreativ damit um und passen Sie sie immer wieder der Wirklichkeit an. Es macht mehr Spaß, wenn Sie ein möglichst großes Blatt Papier nehmen und verschiedene Farben nehmen. Hängen Sie die Mindmap auf jeden Fall an einem gut sichtbaren Platz, zum Beispiel in der Küche, auf.

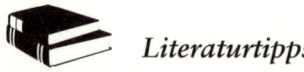 *Literaturtipps*

Dörrie, Doris: *Lotte will Prinzessin sein. Ein Bilderbuch mit Glitzerkrone,* Ravensburg: Ravensburger 1998

Flessenkemper, Gabriele: *Rettet die Liebe vor den Kindern,* Reinbek: Rowohlt-TB 1994

Gray, John: *Männer sind anders. Frauen auch,* München: Goldmann 1993

Höfner, Eleonore: *Die Kunst der Ehezerrüttung,* Reinbek: Rowohlt-TB 1994

Jellouschek, Hans: *Im Irrgarten der Liebe. Dreiecksbeziehung und andere Paarkonflikte,* Zürich: Kreuz 1991

Keel, Philipp: *Alles über uns. Das aufregende Fragebuch über Liebe,* München: Droemer Knaur 2000

Lazarus, Arnold: *Fallstricke der Liebe. 24 Irrtümer über das Leben zu zweit,* München: dtv 2000

Peseschkian, Nossrat: *33 und eine Partnerschaft,* Frankfurt: S. Fischer 1996

Welter-Enderlin, Rosmarie: *Paare – Leidenschaft und lange Weile,* München: Piper 1995

Weitere Empfehlungen

Bundesministerium für Familie, Senioren, Frauen und Jugend: Broschüren mit Informationen zu rechtlichen Fragestellungen wie Mutterschutzgesetz, Erziehungszeit, Kindergeld etc.; Broschürenversand über die Telefonnummer 0 18 05 32 93 29

Bundeszentrale für gesundheitliche Aufklärung: *Elternsein. Die erste Zeit zu dritt,* Köln 1999; weitere Ratgeber für Eltern kostenlos erhältlich unter der Bestelladresse: order@bzga.de oder BZgA, 51101 Köln

Der Wiedereinstieg in den Beruf nach der Elternzeit

Der Aufbau einer ausgeprägten Paarkultur ist die beste Voraussetzung für einen gelungenen Wiedereinstieg in den Beruf und eine sinnvoll geteilte Familienarbeit. Darum geht es im Folgenden.

Dieses Kapitel kann speziell für junge oder werdende Väter interessant sein, die eine Erziehungspause oder Arbeitszeitreduzierung für die Familie in Erwägung ziehen. Leider richtet sich die Arbeitswelt noch weitgehend an der Vollzeit-Erwerbsbiografie aus, die wenig Rücksicht auf familiäre Belange nimmt. Beliebige zeitliche Verfügbarkeit wird bei qualifizierten Mitarbeitern als selbstverständlich vorausgesetzt. Inzwischen forden jedoch laut Umfragen rund drei Viertel der Männer mehr Flexibilität bei der Gestaltung der Arbeitszeit. Sie finden hier Denkanstöße und Argumente, die Sie auch einem etwas verwundert dreinschauenden Chef gegenüber gut dastehen lassen. Soziale Intelligenz und Teamfähigkeit lassen sich nämlich nicht nur in teuren Managerseminaren, sondern vor allem in der Familie entwickeln.

Es ist weniger der materielle Wohlstand als vielmehr das Bestreben, die Vielfalt der eigenen Fähigkeiten und Interessen zu nutzen, das junge Mütter und Väter immer kürzere Erziehungszeiten nehmen lässt. Das gestiegene Bildungsniveau speziell der Frauen ist auch dafür verantwortlich, dass in Deutschland nur noch jede siebte Frau das traditionelle Einverdiener-Modell gut findet. Zwei Drittel aller Mütter mit minderjährigen Kindern sind hierzulande berufstätig – mit steigender Tendenz: Denn Hauptauslöser für die Zunahme von Unzufriedenheit und Konflikten in den ersten fünf Jahren nach der Geburt eines Kindes ist nach einer aktuellen Familienstudie eine sich langsam einschleichende ungleiche Arbeitsteilung. Junge Eltern, bei denen beide Partner arbeiten, zeigen sich trotz hohen Zeitstresses eindeutig zufriedener.[*]

Auch die Unternehmen sind zunehmend bemüht, sich die Potenziale ihrer gut qualifizierten Mitarbeiter zu bewahren und daher während der Elternzeit mit Müttern und Vätern Kontakt zu halten. Junge Eltern werden zu wichtigen Besprechungen eingeladen, über Projektfortschritte informiert und bekommen die Möglichkeit zu Urlaubsvertretungen. Für viele ist inzwischen die Babypause eine Sache von wenigen Monaten und nicht mehr von Jahren wie noch zu Beginn der 90er-Jahre.

Entscheiden Sie für sich in Ruhe, welcher Zeitpunkt für den Wiedereinstieg für Sie und Ihre kleine Familie gut ist. Achten Sie dabei darauf, wie flexibel Ihr Arbeitgeber mit Ihnen an Lösungen zur Vereinbarkeit arbeitet. Ideal sind Kombinationen von flexibler Arbeitszeit und -form und Kinderbetreuung. Familienfreundliche Unternehmen setzen daher auf eine Vielfalt von verschiedenen Arbeitszeitmodellen. Da es in vielen Jobs inzwischen kein Problem mehr ist, an ein paar Tagen in der Woche daheim zu arbeiten, gibt es die Möglichkeit zu alternierender Telearbeit.

Einige große Firmen haben inzwischen Notbetreuungsplätze: Ist die Tagesmutter krank oder macht der Hort Ferien, können die Eltern ihren Sprössling ausnahmsweise in der Firma abliefern oder einen Eltern-Kind-Arbeitsplatz mit Spielecke nutzen.

---

[*]Nachzulesen unter www.fthenakis.de

Für alle Beteiligten ist es jedoch sicher am besten, wenn die Bereiche Kinderbetreuung und Arbeitsplatz weitgehend getrennt bleiben – auch wenn Sie zu Hause arbeiten.

Auch bei der Suche nach geeigneten Tagesmüttern oder Kinderfrauen gibt es Unterstützung von Seiten vieler Arbeitgeber. Mehrere Hundert Unternehmen haben inzwischen einen Rahmenvertrag mit dem »Familienservice«*. Der bundesweit tätige Dienstleister, der an 14 Standorten Büros unterhält, berät auf Kosten des Arbeitgebers die Mitarbeiter der Firma und entwickelt mit den Eltern gemeinsam Konzepte für eine sinnvolle Kinderbetreuung – angepasst an die benötigten Zeiten, den Geldbeutel und die lokale Situation. Bei Bedarf vermittelt der Familienservice Tagesmütter, Kinderfrauen, Au-pair-Mädchen, Babysitter sowie Plätze in Krippen und Kindergärten (sofern vorhanden). Auch Betreuung in Notfällen oder bei Dienstreisen ist möglich. Ferner werden Ferienprogramme für die Kinder der Mitgliedsfirmen durchgeführt.

Da man sich auch in den Firmen zunehmend darüber klar wird, dass Mitarbeiter, die private Probleme wälzen, keinen klaren Kopf für ihre Aufgaben im Job haben, gibt es über familienfreundliche Maßnahmen hinaus oftmals in Großunternehmen schon spezielle Beauftragte, die die Mitarbeiter auf vielfältige Weise unterstützen. Sie organisieren Unterstützung bei der Altenbetreuung und vermitteln Haushaltshilfen, aber sie verteilen auch Eintrittskarten für Freizeitveranstaltungen und bieten Fitnessprogramme an. Diese »Work-life-Koordinatoren« sollen auch bei Konflikten mit dem Arbeitgeber vermitteln, damit die Menschen sich mit ihrem Unternehmen identifizieren und leistungsbereit sind.

---

* Familienservice, Info@familienservice.de, Telefon-Hotline: 01 80 / 1 55 88 11; weitere Informationen und Adressen der Standortbüros: www.familienservice.de

Erkundigen Sie sich, ob es in Ihrem Unternehmen so etwas schon gibt. Allerdings ist ein solches Engagement von Seiten der Firmen bislang noch die Ausnahme und zudem stark konjunkturabhängig, sodass berufstätige Eltern wohl auch künftig weitgehend selbst dafür zuständig bleiben, wie sie die Balance zwischen Job und Familie in den Griff bekommen.

Wiedereinstieg ist Umstellung

Genauso wie die zeitweilige Berufsunterbrechung bei der Geburt eines Kindes ist auch der Wiedereinstieg nach einer Familienpause eine große Umstellung. Während Sie anfangs hier vermutlich Schwierigkeiten damit hatten, sich auf die Unplanbarkeit flexibel einzulassen und darauf, dass Sie eigentlich »nichts wirklich geregelt bekommen« als »nur« das Tagesgeschäft der anfallenden Arbeiten, geht es jetzt darum, sich wieder auf eine geplante, selbstbestimmte Arbeit einzustellen. Fangen Sie frühzeitig damit an, Ihre Tätigkeiten zu strukturieren und Ihre Konzentrationsfähigkeit zu trainieren.

Machen Sie Ihren Wiedereinstieg zu Ihrem persönlichen Projekt

Entwickeln Sie ein persönliches Selbstmanagement-Programm, das Sie und Ihre Familie langsam, aber bestimmt in die Veränderung führt. Das könnte schon damit beginnen, dass Sie Ihren Kalender wieder verstärkt nutzen, in den Sie nun neben den privaten Terminen und allen anfallenden Aufgaben wie Haushalt, Arzttermine etc. auch die Tages- oder Wochenziele in Bezug auf Weiterbildung oder andere Aktivitäten eintragen, die Sie in Ihren Job zurückbringen.

Es kann sein, dass es Ihnen dabei zunächst an Motivation fehlt und Sie immer wieder ins Fahrwasser ermüdender Routineaufgaben in der Familie schlittern. Wenn Sie keinen festen

Zeitpunkt mit sich selbst oder einem Arbeitgeber vereinbart haben, besteht die Gefahr, dass Qualifikationen für Arbeitsmarkt und Arbeitgeber aufgrund der sich hinziehenden Familienpause immer mehr dahinschwinden. Die Folge: Sie verlieren irgendwann gänzlich den Mut.

Zurzeit liegt die Halbwertzeit von beruflichem Wissen bei etwa fünf Jahren. Untersuchungen der europäischen Kommission zeigen, dass insbesondere Mütter nach längerer Erwerbsunterbrechung dazu neigen, sich vollständig vom Arbeitsmarkt zurückzuziehen. So ein langes Hinausschieben der Berufsrückkehr kann für viele auch bedeuten, dass sie entdeckt haben: Mein Arbeitsplatz gefällt mir nicht mehr.

Speziell wenn Sie nach der Familienpause einen neuen Job suchen, weil Sie sich umorientieren, empfehlen wir Ihnen das Buch *Erfolgreich wieder einsteigen* von Anja Schubert, aus dem wir einige Tipps in diesem Kapitel übernommen haben.*

Termine mit sich selbst ausmachen

Vereinbaren Sie also mit sich selbst einen Termin für den Wiedereinstieg. Dieser muss nicht unumstößlich sein, sondern kann bei Bedarf verschoben werden. Unterteilen Sie den Weg dorthin wie in einem Projekt in einzelne Etappenziele. Solch ein Etappenziel kann ein Gespräch mit dem Arbeitgeber sein oder mit den Personen, die Ihr Kind betreuen sollen. Es kann eine Weiterbildungsveranstaltung sein oder aber das Planungsgespräch mit Ihrem Partner.

Suchen Sie in dieser Zeit Freunde oder Freundinnen auf, die schon Job und Familie miteinander verbinden, und lassen Sie sich Mut machen. Fragen Sie nach ihren Erfahrungen.

---

* Anja Schubert: *Erfolgreich wieder einsteigen. Der ideale Job nach der Berufspause,* München: Markt & Technik 2000

Netzwerke schaffen

Eltern mit etwa gleichaltrigen Kindern können sich auf vielfältige Weise unterstützen. Nicht nur, dass man sich über die vielen kleinen Sorgen und Nöte austauscht, man kann auch die Kinder gegenseitig übernehmen und sich damit Freiräume schaffen.

Als zum Beispiel meine jüngste Tochter mit dreieinhalb Jahren keinen Kindergartenplatz bekam und auch eine private Elterninitiative mangels geeigneter Räume scheiterte, war ich zunächst ziemlich ratlos. Da begegnete mir nachmittags eine Frau mit einer gleichaltrigen Tochter beim Kinderkino. Sie war mir sofort sympathisch und ich sprach sie an. Als wir feststellten, dass wir beide in einer ähnlichen Situation waren, vereinbarten wir sofort, ohne uns näher zu kennen, dass jede im Wechsel jeweils die beiden Mädchen vormittags betreut. Die Kinder hatten eine Spielgefährtin und wir eine Entlastung für unsere beruflichen Pläne. Auch wenn sich die Mädchen nicht so gut und so lange verstanden, wie wir es uns gewünscht hätten, so hat diese Initiative uns eine Zeit lang weitergebracht – und was viel wichtiger ist: Wir Mütter sind heute Freundinnen.

Solche einmal aufgebauten Netzwerke wachsen meist von selbst weiter. Die Folge ist: Nicht Sie, sondern ein anderer Vater hat einen wunderbaren Malkurs ganz in der Nähe entdeckt und die Kinder angemeldet. Sie bekommen Tipps für guten Musikunterricht und geben welche weiter darüber, wo es günstige Kinderschuhe gibt. Im gut organisierten Wechsel fahren Sie zwar hin und wieder eine ganze Wagenladung voll Kinder zum Fußballtraining, sind dafür selbst aber nur alle drei Wochen dran. Manchmal haben Sie morgens am Frühstückstisch einen halben Kindergarten sitzen, aber dafür, wenn Not am Mann ist, geben Sie auch schon mal eine Dreijährige zum Übernachten bei der Freundin ab, weil beide Elternteile unaufschiebbare Auswärtstermine haben.

Trainieren Sie Job-Fähigkeiten

Wichtig in der Vorbereitungszeit auf die Rückkehr in den Beruf kann es auch sein, die Kollegen am Arbeitsplatz zu besuchen, um sich zu informieren und einzustimmen. Damit motivieren Sie sich selbst, indem Sie wieder erleben, was demnächst an Aufgaben und Verhalten von Ihnen gefragt sein wird. Ideal ist es, wenn Sie die Möglichkeit wahrnehmen können, schon in der Elternzeit eine Urlaubsvertretung zu machen oder stundenweise vielleicht von zu Hause aus Arbeiten zu erledigen, um den Umstieg sanft zu gestalten. Sprechen Sie frühzeitig mit Ihrem Arbeitgeber über solche Überlegungen.

Prüfen Sie auch, inwieweit Ihre Arbeitszeit – ob reduziert oder nicht – vollständig beim Arbeitgeber stattfinden muss und inwieweit neue flexible Formen wie Telearbeit, Projektarbeit oder Arbeitszeitkonten mit traditioneller Arbeit gemischt werden können, so, wie es Ihrer kleinen Familie und der Firma entgegenkommt. Sie wissen wahrscheinlich am besten selbst, ob es möglich wäre, bestimmte Arbeiten in Ihrem Job auch von zu Hause aus zu erledigen.

Tipp: Entdecken Sie Ihre eigene tägliche Leistungskurve und planen Sie wichtige Aktivitäten, die Konzentration erfordern, danach. Sie finden genauere Angaben dazu auf Seite 140 ff.

Seien Sie einmal Ihr eigener Chef!

Legen Sie selbst fest, wie viel Zeit pro Tag Sie für die Jobsuche oder andere Vorbereitungen aufwenden wollen. Richten Sie sich dafür einen Ort und feste Zeiten ein, in denen Sie nicht abgelenkt sind. Stellen Sie sich dafür eigene Regeln und Ziele auf, zum Beispiel »Keine privaten Gespräche« oder »Keine Hausarbeit zwischendurch«, aber auch »Das Fachbuch XY bis zum ... lesen«. Sie trainieren dadurch Fähigkeiten, die Sie im Job wieder brauchen: Disziplin, Selbstständigkeit, Selbstmotivation, Selbstvertrauen.

Gerade Letzteres verlieren Frauen (über Männer gibt es keine gesicherten Daten) besonders in längeren Berufspausen, wenn Sie sich ausschließlich mit kleinen Kindern, beim Einkaufen oder mit anderen Müttern unterhalten. Der Grund: Sie erhalten keine Rückmeldung über ihre berufsbezogenen Fähigkeiten und Kompetenzen. Sie können dem vorbeugen, indem Sie während der Elternzeit entweder stundenweise freiberuflich oder auch für Ihren Arbeitgeber arbeiten (gesetzlich sind bis zu 30 Stunden wöchentlich möglich) oder indem Sie sich ehrenamtlich betätigen und damit sogar zusätzliche Kompetenzen wie Organisationsfähigkeit, Überzeugungskraft, Auftreten und Ähnliches erwerben oder vorhandene Fähigkeiten ausbauen.

Wenn Sie dennoch merken, dass es Ihnen weiterhin schwer fällt, sich eine Berufsrückkehr vorzustellen, und sich vor Ihnen scheinbar unüberwindliche Hindernisse aufbauen, dann können Sie einmal darüber nachdenken, welche Einstellungen sich dahinter wirklich verbergen. Diese innere Stimme kann für vieles stehen, was Sie über das Leben und sich selbst gelernt haben. Fest steht jedenfalls, dass sie eine Selbstblockade produziert. Sie könnte zum Beispiel sagen: »Das schaffst du nie alles zusammen!«, »Eltern dürfen ihre Kinder nicht alleine lassen« oder »Für mich gibt es keine Teilzeitstelle«.

Fragen Sie sich, woher diese Bedenken kommen. Und schauen Sie genau hin, wer Sie gerade in diesen »Selbstblockaden« unterstützt. Sie können dann besser selbst entscheiden, ob Sie weiterhin all diese Bedenken weiter vor sich her tragen oder ob Sie sich neu entscheiden wollen.

Als Paar konkrete Vereinbarungen treffen

Führen Sie frühzeitig als Paar Gespräche darüber, wie Sie sich das Leben als berufstätige Eltern vorstellen. Seien Sie ehrlich und seien Sie konkret: Wer ist bereit, welche Aufgaben zu übernehmen? Und welche nicht? Welche Abstriche an Berufszeit und individueller Zeit für Hobbys oder Freunde sind beide bereit zu machen?

Untersuchungen zeigen, dass gerade bei einer längeren Berufsunterbrechung der Frau sehr schnell traditionelle Verhaltensmuster greifen, die zuvor für das Paar undenkbar erschienen. So bekommt die Daheimbleibende – in der Regel immer noch die Frau – plötzlich einen Berg zusätzlicher Aufgaben zu der Kindererziehung aufgebrummt, die eine eigene Berufstätigkeit noch unmöglicher erscheinen lassen. Hat der Mann zuvor seine Hemden selbst gebügelt trotz Zehn-Stunden-Job, so wirft er seine Schmutzwäsche jetzt nur irgendwo hin. Hat sich das Paar Einkaufen und Kochen zuvor geteilt, so wird stillschweigend erwartet, dass dies selbstverständlich derjenige übernimmt, der zu Hause ist.

Das Institut für Demoskopie Allensbach ermittelte 1999, dass bei jungen, unverheirateten Paaren 58 Prozent der Männer kochen, kaum ist der Ehering übergestreift, sinkt die Quote aber auf schlappe 29 Prozent. In der Regel sind gerade Unklarheiten und unausgesprochene Befürchtungen auf diesem Gebiet der Grund dafür, dass die Rückkehr in die Erwerbstätigkeit zumeist der Frau sich verzögert und auf einen »Sankt-Nimmerleins-Tag« verschoben wird.

Nach einer Studie der Universität Wien aus dem Jahr 2000 verbringen Männer im Schnitt sechs Stunden pro Woche mit Hausarbeit, aber 42 im Job, Frauen dagegen sind 16 Stunden im Haushalt beschäftigt und dazu arbeiten sie durchschnittlich 32 Stunden in ihrem Beruf.

Und eine 1998 durchgeführte Befragung führte zum Ergebnis, dass in Deutschland von den Ehepaaren mit Kindern unter sechs Jahren 52 Prozent der Frauen nicht arbeiten. Aber nur sechs Prozent wünschen dies explizit! Die anderen 46 Prozent würden gerne eine Erwerbstätigkeit aufnehmen. Aufgrund dieser Prognosen bleibt inzwischen schon fast die Hälfte der Akademikerinnen kinderlos.

Delegieren Sie Schritt für Schritt

Der erste wichtige Schritt ist die Delegation von Aufgaben rund um den Haushalt. Stellen Sie eine Putzhilfe ein! Kaufen Sie wieder die Marmelade, anstatt sie selbst einzukochen. Beteiligen Sie den Partner Stück für Stück wieder am Familienmanagement: Durchschnittlich eine Stunde und zwölf Minuten beschäftigen sich deutsche Väter täglich mit ihren kleinen Kindern, Mütter hingegen widmen sich dem Nachwuchs trotz Berufstätigkeit und Hausarbeit rund drei Stunden täglich. Verteilen Sie davon schon in der Familienpause so viel wie möglich gleichmäßig. Der berufstätige Elternteil lernt so schnell zu schätzen, was der pausierende da täglich macht. Indem Sie dem heimkommenden Partner an festgelegten Tagen das Kind in den Arm geben und sich verabschieden, üben Sie auch, sich Zeit für sich selbst zu nehmen.

Die Möglichkeiten für Kinderbetreuung sind in der Regel unzulänglich und kollidieren mit den üblichen Arbeits- und Fahrzeiten. Prüfen Sie also, inwieweit Sie hier die Aufgaben aufteilen können, indem beide Partner reduziert und flexibel arbeiten. Wenn die Organisation der Kinderbetreuung – sprich Wegbringen und Abholen, Notfallmanagement bei Krankheit, Ferienzeiten und vieles mehr – allein in der Verantwortung eines Partners liegt, wird derjenige schnell überfordert. Die Folge: Das System bricht zusammen. Statistiken zeigen, dass ein Großteil der Frauen deshalb spätestens beim zweiten Kind aufgibt, ernsthaft eine Rückkehr in den Beruf anzustreben.

Exkurs: Familienkompetenzen

Dass Väter ihre Rolle in der Familienarbeit noch nicht angemessen wahrnehmen, hat viele Gründe.

Eine Berufsunterbrechung oder Arbeitszeitreduzierung für Kindererziehung ist bei uns immer noch eher negativ besetzt, da sie von teilweise irrationalen Glaubenssätzen begleitet ist: Berufsunterbrechung heißt Ausstieg. Ausstieg aus dem Beruf – ist das auch der Ausstieg aus dem gesellschaftlichen Leben? Dahinter steckt die Idee einer alleinigen Identifikation über den Beruf. Tatsächlich bedeutet es eine enorme Umstellung, wenn diese Identifikation eine Zeit lang wegfällt. Das beklagen Eltern immer wieder. Und davor haben offenbar besonders Männer Angst. Für ein Paar bedeutet es ebenso eine Herausforderung, wenn einer von beiden Partnern ganz neue Dinge tut, die er dem anderen nur bedingt vermitteln kann. Da hilft nur eines wirklich: Beide sollten einen Teil der Elternzeit in Anspruch nehmen und eine bestimmte Phase des Lebens mit dem Kind verbringen!

Tatsächlich fällt es schwer, denjenigen, die keine Familie haben, sondern mitten im Berufsleben stehen, zu vermitteln, was man denn da als Vater oder Mutter so macht mit einem Baby zu Hause. Nur wer es selber erlebt hat, erkennt: In Wirklichkeit bietet so eine Zeit mit Kindern enorme Chancen für eine persönliche Entwicklung und vielleicht auch Neuorientierung.

Mit Kindererziehung verdient man kein Geld, also ist die Tätigkeit nichts wert – auch so ein Vorurteil. Vergessen wird dabei: Der Wert, den diese Aufgabe für die Gesamtgesellschaft hat, ist gar nicht in Geldwert zu messen. Und innerhalb der Partnerschaft bedeutet das »Aussteigen« ja nur, dass der eine den Erziehungs- und Betreuungsanteil für den anderen eine Zeit lang mit übernimmt und damit auf ein eigenes Einkommen verzichtet. Real sinkt das Familieneinkommen damit tatsächlich.

Und schließlich: Wer nicht im Berufsleben steht, lernt nichts. Das Gegenteil ist jedoch der Fall. Allein in der Umstellung auf das Neue, Unbekannte stecken Lernchancen. Im Umgang mit kleinen Kindern gibt es anders als in vielen Jobs kaum Routinearbeiten. Wenn Menschen offen und wach durch das Leben gehen, hören Sie nie auf zu lernen. Zahlreiche Untersuchungen haben inzwischen gezeigt, dass Eltern durch die Erziehung von Kindern und das Familienmanagement – je nach Vorerfahrung – zahlreiche Fähigkeiten erwerben oder vorhandene Kompetenzen ausbauen, die in der Regel auch im Management von Unternehmen gefragt sind.

Familie als Lernfeld für soziale Kompetenz nutzen

Junge Führungskräfte werden in der Regel auf kostspielige Seminare zur Persönlichkeitsentwicklung geschickt, um Selbstmanagement und soziale Kompetenzen zu lernen. Mit den Veränderungen in der Arbeitswelt haben Schlüsselqualifikationen und lebenslanges Lernen an Bedeutung gewonnen. Speziell gefordert sind zunehmend solche Kompetenzen, die es den Menschen ermöglichen, Veränderungen zu meistern, Konflikte zu lösen und mit anderen erfolgreich zusammenzuarbeiten.

Eine junge Mutter und ein junger Vater, die eine Zeit lang damit befasst sind, ein weinendes Baby in den Schlaf zu bringen, einen trotzigen Zweijährigen zu motivieren oder die Interessen von drei oder vier Familienmitgliedern zu vereinbaren, denen erwachsen diese Kompetenzen unmittelbar im Tun. Nach neuesten Untersuchungen stammen mehr als 70 Prozent unserer Fähigkeiten aus solchen informellen Lern- und Erfahrungsfeldern.

Von den meisten Arbeitgebern wird die Zeit der Kinderbetreuung noch nicht als berufs- oder karriererelevant angesehen. Die Lerneffekte während des »Daheimbleibens« seien für die Arbeitswelt wenig von Bedeutung. In Bezug auf Ehrenämter hat jedoch schon ein Umdenken eingesetzt: Wer einer Kirchengemeinde vorsteht oder einen Fußballverein trainiert, dem erwachsen für sein berufliches Kompetenzprofil inzwischen Vorteile.

Studien haben jedoch eindeutig gezeigt, dass in der Familienarbeit ganz spezielle beruflich relevante Fähigkeiten trainiert werden. Das sind Schlüsselqualifikationen wie Kommunikations- und Konfliktfähigkeit, Durchsetzungskraft, Flexibilität, Lernbereitschaft, Stressresistenz. Unter dem Begriff »Familienkompetenzen« sind sie gerade auf dem Weg, größere Beachtung in Gesellschaft und Wirtschaft zu finden. Voraussetzung dafür ist jedoch auch, dass Mütter und Väter sich ihrer durch Familienarbeit erworbenen Fähigkeiten bewusst sind.

Prüfen Sie einmal für sich Ihre Selbsteinschätzung: Was trainieren Sie täglich in der Familie? Welche Fähigkeiten werden Ihnen regelmäßig abverlangt? Selbst wenn nicht alles auf Sie zutrifft: Bringen Sie *Ihre* Fähigkeiten Ihrem jetzigen oder künftigen Arbeitgeber gegenüber deutlich zum Ausdruck. Gönnen Sie sich einen aktiven Blick auf Ihre Stärken. Eine solche umfassende Neubewertung der Familienarbeit bewirkt ein differenziertes Selbstwertgefühl für den Erziehenden und bringt damit auch ein angemessenes Gleichgewicht in die Paarbeziehung.

Soziale Kompetenzen

Lernbereitschaft/-fähigkeit	eigene Stärken und Fähigkeiten im Umgang mit Herausforderungen ausbauen – mit Kindern wachsen
Kontakt- und Kommunikationsfähigkeit	mit unterschiedlichen Menschen umgehen, soziale Netze aufbauen
Verantwortungsbewusstsein	die Auswirkungen des eigenen Handelns einschätzen
Konfliktfähigkeit	Bereitschaft, Konflikte auszutragen und in Konflikten zu vermitteln

Managementkompetenzen

Entscheidungsfreude	auch unter Zeitdruck zügig Entscheidungen treffen
Flexibilität	sich auf Unvorhergesehenes und Neues einstellen können
Organisationsfähigkeit	Aufgaben und Termine der Familienmitglieder koordinieren und organisieren
Überzeugungskraft (Durchsetzungskraft)	Kinder und Heranwachsende durch Motivation und persönliches Engagement führen

Persönliche Kompetenzen / Selbstmanagement

Zeitmanagement	im Rahmen der eigenen Zeiteinteilung und trotz des Unsicherheitsfaktors Kinder Ziele erreichen und Vereinbarungen einhalten

Belastbarkeit und Fähigkeit zur Stressbewältigung	auch in schwierigen und komplexen Situationen einen klaren Kopf behalten und handlungsfähig bleiben
Multi-Tasking-Fähigkeit	viele Dinge gleichzeitig tun und überblicken

Derartige Fähigkeiten spielen heute in der Wirtschaft eine immer größere Rolle. Nicht mehr das fachliche Wissen, dessen Halbwertszeit aufgrund der rasenden technologischen Entwicklung immer kleiner wird, sondern die persönlichen Kompetenzen der Mitarbeiter sichern in Zukunft den Wettbewerbsvorteil der Unternehmen.

Damit auch die Arbeitgeber den Lernort Familie erschließen, hat eine internationale Arbeitsgruppe unter Federführung des Deutschen Jugendinstituts und der Katholischen Arbeitnehmerbewegung Instrumente entwickelt, mit denen solche Familienkompetenzen erfasst und für die betriebliche Arbeit bewertet werden können.

 *Literaturtipps*

Diehl, Ute und Karl: *Handbuch für berufstätige Eltern. Wie Sie Job und Kinder unter einen Hut bringen*, Weinheim: Beltz 1999
Erler, Gisela: *Work-Life-Balance* (Arbeitstitel), München: Droemer Knaur, in Vorbereitung
Schubert, Anja: *Erfolgreich wieder einsteigen. Der ideale Job nach der Berufspause*, München: Markt & Technik 2000
Eine Broschüre für Einzelpersonen und für Betriebe konkret über den Umgang mit Familienkompetenzen gibt es bei der KAB Süddeutschland, Projekt Familienkompetenzen, Christine Nußhardt, Pettenkoferstr. 8/IV, 80336 München, Tel.: 0 89/55 25 49 27

Weitere Empfehlungen

Hildebrandt, Sabine und Woeckel, Peter: *Erfolgreich bewerben. Neue Wege zum Beruf,* Frankfurt: Societäts-Verlag 1999

Rohrschneider, Uta und Lorenz, Michael: *Vorstellungsgespräche – sicher zum Erfolg,* Planegg: Verlag Wirtschaft, Recht und Steuern 2000

Wichtige Adresse

Familienservice, info@familienservice.de, Telefon-Hotline: 01 80 / 1 55 88 11; weitere Informationen und Adressen der Standortbüros: www.familienservice.de

Das Selbst- und Zeitmanagement für berufstätige Eltern

»Nach indianischem Glauben ist jeder Mensch ein Haus mit vielen Zimmern: einem körperlichen, einem gefühlsbetonten und einem religiösen. Die meisten von uns neigen dazu, den größten Teil der Zeit nur in einem Zimmer zu verbringen. Doch solange wir nicht täglich jedes Zimmer betreten, und sei es auch nur, um zu lüften, so lange sind wir keine ganzen Menschen.«

Rumer Godden

Wenn Sie einen Moment innehalten und ernsthaft über »das Wesentliche« im Leben nachdenken – was würden Sie als die drei wichtigsten Dinge nennen, die am meisten zählen? Sind es Ihr Beruf, Ihre Karriere, Ihre Familie, Ihre Hobbys? Oder sind es eher die materiellen Dinge wie das schöne Haus, ein Cabrio oder schöne Kleider? Was gibt Ihrem Leben einen Sinn? Widmen Sie diesen Dingen so viel Sorgfalt, Nachdruck und Zeit, wie Sie es wirklich wollen?

Den meisten Menschen fällt es schwer, den wichtigsten Dingen in ihrem Leben den höchsten Stellenwert einzuräumen.

Nach einer aktuellen Untersuchung des Bundesfamilienministeriums definieren sich zwar 67 Prozent der jungen Väter durch ihre Rolle als Erzieher ihrer Kinder und nur 33 Prozent als Hauptverdiener in der Familie. In der realen Umsetzung dieser Haltung spiegelt sich aber der Widerspruch zwischen Werten und Handlung: Nur knapp zwei Prozent der deutschen Väter nehmen eine gesetzliche Elternzeit überhaupt in Anspruch und ihr Arbeitsvolumen für Kindererziehung reduzieren nur ganz wenige Ausnahmeväter nach der Geburt eines Kindes.

Weshalb kommen die wesentlichen Dinge in unserem Leben oft zu kurz? Es herrscht kein Mangel an Methoden, Techniken und Informationen über das Management und die Einteilung der Zeit. Wir kaufen den neuen Zeitplaner, besuchen einen neuen Kurs, lesen ein neues Buch. Wir eignen uns Wissen dazu an, wenden es an, bemühen uns – und was kommt dabei heraus? Meist sind es nur wachsende Frustration und Schuldgefühle! Um solche zu vermeiden, gilt es, die eigenen Werte anzuschauen und sich zu fragen, ob diese Werte vielleicht im Widerspruch zur tatsächlichen Zeiteinteilung stehen.

Sind Sie ein guter Problemlöser? Sie erkennen es am besten daran, wenn Ihnen Ihre Umwelt immer mehr Probleme zuschiebt. Können Sie etwa obendrein nicht »nein« sagen, weil Sie als hilfsbereit gelten und beliebt sein wollen? Dann ist es höchste Zeit, das Ablehnen zu erlernen, ohne zu verletzen. Denn je effektiver wir sind, desto mehr Aufgaben übernehmen wir, weil wir sie alle erledigen und unser Selbstbewusstsein dadurch wächst. Das setzt sich so lange fort, bis unsere persönliche Belastungsgrenze überschritten ist. Wir haben uns durch perfektes Zeitmanagement in den Kollaps getrieben.

Gefordert sein statt überfordert sein

In einer Zeit, in der Tempo zum Mythos und Erreichbarkeit zur Pflicht geworden ist, fehlt bei den meisten Menschen die Balance zwischen Anforderungen und Interessen. Wir verfolgen in diesem Kapitel daher einen ganzheitlichen Ansatz. Hier fließen außerdem wesentliche Teile aus dem Seminar »Selbst und Zeitmanagement« von Thomas Nierth, Neuland und Partner, ein.

Das wesentliche Ziel in unserem Ansatz ist es, eine Harmonie zwischen den verschiedenen Lebensbereichen Familie, Partnerschaft, Beruf, Hobby, Freunde usw. herzustellen. Es ist dieselbe Person, die sich in ihrem Beruf engagiert, die einkaufen geht, die die B-Jugend trainiert, die mit den eigenen Kindern spielt und das Klassentreffen organisiert. All die unterschiedlichen Bereiche integrativ zu planen schützt vor allzu einseitiger Akzentuierung. Kein noch so großer Erfolg in einem Bereich kann ein Versagen in einem anderen ausgleichen.

Bei genauem Hinsehen werden Sie eine mehr oder weniger große Kluft zwischen tatsächlicher Lebensführung und den für Sie wesentlichen Lebensinhalten spüren. Überprüfen Sie doch einmal kurz Ihre momentane Zeiteinteilung: Reagieren Sie auf äußere Reize oder beschäftigen Sie sich aktiv mit Aufgaben, die Ihrem Leben Sinn geben? Wie viel Prozent Ihrer Energie und Ihrer Zeit verbringen Sie mit dem Reagieren auf äußere Anforderungen und wie viel mit aktiver Gestaltung Ihres Lebens?

Jedes Zeitmanagement steht und fällt mit einer klaren Definition Ihrer Werte, Ziele und Visionen. Planungstechniken helfen dann nur noch bei der Umsetzung. Dabei können Sie auf das zurückgreifen, was Sie selbst schon im ersten Hauptkapitel zum Thema »Visionen« formuliert haben.

Auf den Punkt gebracht: Ohne eine klare innere Haltung wird Zeitmanagement immer nur eine Frage verschiedener Techniken bleiben, die nach anfänglichem Enthusiasmus bald weniger konsequent angewendet werden. Es verändert sich nicht wirklich etwas, die Hektik wird auf hohem Niveau verwaltet. Es gilt daran zu arbeiten, die wichtigen Bereiche unseres Lebens in Balance zu bringen. Dazu muss man die Zielfindung den Techniken voranstellen. Wir empfehlen, die Fragebogen und Tests in diesem Kapitel jeweils einzeln zu machen und anschließend als Paar zu besprechen.

Ein Fragebogen zu Ihrem Umgang mit Zeit

Mit diesem Kurztest finden Sie zunächst auf einfache Weise heraus, in welchem Bereich Ihres Zeitmanagements die Kluft zwischen Ihrem eigenen Anspruch und der Wirklichkeit am größten ist.

Machen Sie mit einem schwarzen Stift Kreuze für den Ist-Zustand. Nehmen Sie anschließend einen bunten Stift und machen Sie bei jeder Aussage ein Kreuz dort, wo für Sie ein Ideal-Zustand erreicht wäre oder auch ist.

Sie sollten den Antworten, bei denen der Ist-Zustand am weitesten vom Ideal-Zustand abweicht, die größte Aufmerksamkeit schenken. Hier treten wahrscheinlich die meisten Konflikte in Ihrem Zeitmanagement auf.

Sie können jetzt schon zu zwei bis drei wesentlichen Problembereichen jeweils ein Ziel formulieren, zum Beispiel: »Ich sorge dafür, dass ich mehr Zeit für mich selbst habe«.

Freuen Sie sich, wenn sich in einigen Bereichen Wunsch und Wirklichkeit überschneiden oder sehr nah beieinander liegen.

Situation	immer	oft	manch-mal	selten	nie
Ich werde ständig um Rat gefragt.					
Ich habe genügend Zeit für mich selbst.					
Ich verbringe viel Zeit in Sitzungen.					
Ich beschäftige mich mit zu vielen Dingen gleichzeitig.					
Ich verschiebe Aufgaben, die ich nicht mag.					
Ich werde permanent angerufen.					
Ich schreibe ständig Briefe, Memos und Protokolle.					
Ich verbringe zu viel Zeit unterwegs.					
Ich kann auch »nein« sagen, wenn es mir zu viel wird.					
Ich möchte überall mitmischen.					
Ich nehme mir Arbeit mit nach Hause.					
Ich habe zu viel Papierkram zu erledigen.					
Ich nehme mir an jedem Arbeitstag Zeit für Planung beziehungsweise Vorbereitung.					

Situation	immer	oft	manch-mal	selten	nie
Ich erstelle für jeden Arbeitstag eine Liste mit den Aktivitäten, die ich ausführen möchte. Die wichtigen Dinge erledige ich zuerst.					
Ich weiß sehr genau, wohin ich eigentlich will.					
Ich finde es schwierig, Prioritäten zu setzen.					
Ich habe das Gefühl, die richtigen Dinge anzupacken.					
Ich lege schriftlich meine Ziele fest.					
Ich achte bei der Planung meiner Aktivitäten genau auf meine Ziele.					
Ich verschiebe Verabredungen mit Partner und/oder Familie zugunsten von drängenden Berufsangelegenheiten.					

Für Ihn

Situation	immer	oft	manch-mal	selten	nie
Ich werde ständig um Rat gefragt.					
Ich habe genügend Zeit für mich selbst.					

Situation	immer	oft	manch-mal	selten	nie
Ich verbringe viel Zeit in Sitzungen.					
Ich beschäftige mich mit zu vielen Dingen gleichzeitig.					
Ich verschiebe Aufgaben, die ich nicht mag.					
Ich werde permanent angerufen.					
Ich schreibe ständig Briefe, Memos und Protokolle.					
Ich verbringe zu viel Zeit unterwegs.					
Ich kann auch »nein« sagen, wenn es mir zu viel wird.					
Ich möchte überall mitmischen.					
Ich nehme mir Arbeit mit nach Hause.					
Ich habe zu viel Papierkram zu erledigen.					
Ich nehme mir an jedem Arbeitstag Zeit für Planung beziehungsweise Vorbereitung.					
Ich erstelle für jeden Arbeitstag eine Liste mit den Aktivitäten, die ich ausführen möchte. Die wichtigen Dinge erledige ich zuerst.					
Ich weiß sehr genau, wohin ich eigentlich will.					

Situation	immer	oft	manch-mal	selten	nie
Ich finde es schwierig, Prioritäten zu setzen.					
Ich habe das Gefühl, die richtigen Dinge anzupacken.					
Ich lege schriftlich meine Ziele fest.					
Ich achte bei der Planung meiner Aktivitäten genau auf meine Ziele.					
Ich verschiebe Verabredungen mit Partner und/oder Familie zugunsten von drängenden Berufsangelegenheiten.					

Die Balance zwischen den Lebensbereichen finden

Unser Balance-Modell ist die Vorstellung von einem angenommenen Idealfall und dient dazu – wie alle Modelle – als Denk- und Handlungsunterstützung. Andere Selbstmanagement-Fachleute gehen von einem Modell der Lebensrollen aus, von denen es zahlreiche geben kann. Wir glauben, dass man die Vielfalt der Lebensaufgaben in vier grundlegende Bereiche aufteilen kann. Das sind

- Beruf
- Familie/Partnerschaft
- Ich
- Freunde/Sozialkontakte

Für eine seelisch und körperlich gesunde Lebensführung und Zufriedenheit in der Partnerschaft ist es unabdingbar, dass alle Bereiche in einem ausgewogenen Verhältnis zueinander stehen.

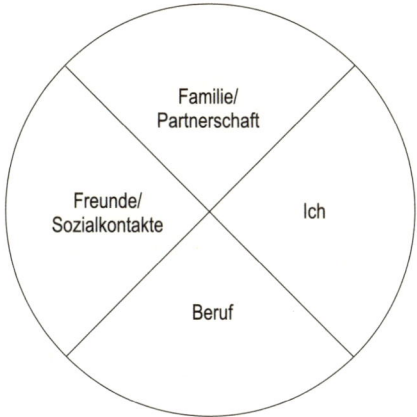

Der Balance-Selbstcheck

Ziel dieses Selbstchecks ist es, zu einer möglichst subjektiven Selbsteinschätzung zu gelangen, in welchen Lebensbereichen Handlungsbedarf im Selbst- und Zeitmanagement besteht. Die vier Lebensbereiche sind natürlich nur theoretisch scharf voneinander getrennt – ein gemeinsames Abendessen mit Ihrem Partner/Ihrer Partnerin, mit Freunden und Arbeitskollegen betrifft zum Beispiel mehrere Bereiche.

Ihre *Aufgabe* ist es nun, zu zehn Aussagen aus jedem der vier Lebensbereiche Stellung zu beziehen, indem Sie auf der Bandbreite zwischen 1 (»nein – trifft gar nicht auf mich zu«) und 5 (»ja – trifft völlig auf mich zu«) eine Selbsteinschätzung abgeben:

1. Trifft *gar nicht* auf mich zu (ein Punkt)
2. Trifft *selten/kaum* auf mich zu (zwei Punkte)
3. Trifft *manchmal/halbwegs* auf mich zu (drei Punkte)
4. Trifft *häufiger/stark* auf mich zu (vier Punkte)
5. Trifft *völlig* auf mich zu (fünf Punkte)

Da Sie die Auswertung selbst vornehmen und da das Ergebnis nicht offen gelegt wird, können Sie ehrlich antworten. Je ehrlicher Sie mit sich selbst sind, desto hilfreicher werden Sie die Auswertung empfinden.

Eine *Alternative*: Stellen Sie sich vor, ein Freund, eine Freundin, Ihr Partner oder Ihre Partnerin, Ihr Chef oder einer Ihrer Mitarbeiter würde Sie mithilfe dieses Verfahrens einschätzen – wie würden andere Sie beschreiben? Haben diese »anderen« vielleicht Recht mit der (abweichenden?) Beschreibung?

Sie erhalten als Antwort keine Charakterisierung, welcher Zeitmanagement-Typ Sie sind, sondern wir bieten Ihnen Tipps und Impulsfragen zur Weiterarbeit an.

1. Lebensbereich: Ich

In diesem Lebensbereich geht es um Zeit für mich, um Zeit und Einsatz für meine Gesundheit, Bewegung, Ernährung, Erholung, Muße, Freizeitbeschäftigungen, die ich allein ausführe (Lesen, Heimwerken, Fitness ...).

Für Sie

Aussage	1	2	3	4	5
Ich habe ausreichend Schlaf und wache am Morgen frisch und ausgeruht auf.					
Ich lasse mich regelmäßig vom Arzt »durchchecken«.					
Ich treibe regelmäßig Sport.					
Ich habe regelmäßig Zeit, um ungestört nachzudenken.					
Ich habe ein Hobby, das mir regelmäßig Ausgleich verschafft.					

Aussage	1	2	3	4	5
Wenn ich mich krank fühle, nehme ich mir bewusst eine »Auszeit«.					
Ich fühle mich wohl in meinem Körper.					
Ich ernähre mich bewusst und gesund.					
Ich kann ohne schlechtes Gewissen genießen (zum Beispiel Essen, Wein, Konsum, Kino-/Theaterabende, lange Gespräche, Reisen).					
Ich erlaube mir, auch mal tagsüber zu träumen.					
Summe					

Für Ihn

Aussage	1	2	3	4	5
Ich habe ausreichend Schlaf und wache am Morgen frisch und ausgeruht auf.					
Ich lasse mich regelmäßig vom Arzt »durchchecken«.					
Ich treibe regelmäßig Sport.					
Ich habe regelmäßig Zeit, um ungestört nachzudenken.					
Ich habe ein Hobby, das mir regelmäßig Ausgleich verschafft.					
Wenn ich mich krank fühle, nehme ich mir bewusst eine »Auszeit«.					

Aussage	1	2	3	4	5
Ich fühle mich wohl in meinem Körper.					
Ich ernähre mich bewusst und gesund.					
Ich kann ohne schlechtes Gewissen genießen (zum Beispiel Essen, Wein, Konsum, Kino-/Theaterabende, lange Gespräche, Reisen).					
Ich erlaube mir, auch mal tagsüber zu träumen.					
Summe					

2. Lebensbereich: Familie/Partnerschaft

In diesem Lebensbereich geht es um Zeit und Einsatz für Familie und/oder Partnerschaft und um die Gestaltung des gemeinsamen Erlebens, einer gemeinsamen Freizeitgestaltung, von gemeinsamen Hobbys usw. Familie umfasst dabei auch die eigenen Eltern, Geschwister und sonstige Verwandtschaft.

Für Sie

Aussage	1	2	3	4	5
Meine Familie/mein Partner/meine Partnerin findet die Zeit meiner Anwesenheit ausreichend.					

Aussage	1	2	3	4	5
Die Verteilung der Pflichten in meiner Familie/Partnerschaft empfinden Familie/Partner als fair.					
Wenn ich einige Tage beruflich unterwegs bin, vermisse ich meine Familie/meinen Partner/meine Partnerin sehr stark.					
Unsere Streitigkeiten verlaufen angemessen und führen nach kurzer Zeit zu einer Versöhnung ohne Verlierer.					
In meiner Familie/Partnerschaft gibt es feste Rituale (zum Beispiel Feiertage, Mahlzeiten, Begrüßungen, Abschiede ...).					
Unsere materiellen Rahmenbedingungen sind gut.					
In unserer Familie/Partnerschaft gibt es für den Einzelnen auch Freiräume ohne Eifersucht der/des anderen.					
Wir achten gegenseitig auf die Gesundheit und das Wohlbefinden des/der anderen.					
Es gibt immer wieder gemeinsame Ereignisse/Vorhaben, auf die wir uns schon im Vorfeld gemeinsam freuen.					
Wir wertschätzen einander und sprechen »Komplimente« regelmäßig aus.					
Summe					

Aussage	1	2	3	4	5
Meine Familie/mein Partner/meine Partnerin findet die Zeit meiner Anwesenheit ausreichend.					
Die Verteilung der Pflichten in meiner Familie/Partnerschaft empfinden Familie/Partner als fair.					
Wenn ich einige Tage beruflich unterwegs bin, vermisse ich meine Familie/meinen Partner/meine Partnerin sehr stark.					
Unsere Streitigkeiten verlaufen angemessen und führen nach kurzer Zeit zu einer Versöhnung ohne Verlierer.					
In meiner Familie/Partnerschaft gibt es feste Rituale (zum Beispiel Feiertage, Mahlzeiten, Begrüßungen, Abschiede ...).					
Unsere materiellen Rahmenbedingungen sind gut.					
In unserer Familie/Partnerschaft gibt es für den Einzelnen auch Freiräume ohne Eifersucht der/des anderen.					
Wir achten gegenseitig auf die Gesundheit und das Wohlbefinden des/der anderen.					
Es gibt immer wieder gemeinsame Ereignisse/Vorhaben, auf die wir uns schon im Vorfeld gemeinsam freuen.					
Wir wertschätzen einander und sprechen »Komplimente« regelmäßig aus.					
Summe					

3. Lebensbereich: Beruf

In diesem Lebensbereich geht es um die Zeit und den Einsatz für den Beruf, die Arbeit, den Job. Dies meint sowohl Zeit, die am Arbeitsplatz (meist mit Kollegen) verbracht wird, als auch die Zeit, in der Ihre Gedanken um den Job kreisen, in der Sie mit nach Hause gebrachte Arbeit erledigen usw.

Für Sie

Aussage	1	2	3	4	5
Beim Gedanken an den mir bevorstehenden Arbeitstag fühle ich mich gut.					
Das Verhältnis zu meinen Kollegen und Führungskräften ist konstruktiv.					
Ich habe zu Kollegen und Führungskräften auch private Kontakte.					
Ich bin mit der Ordnung und Organisation meines Arbeitsplatzes sehr zufrieden.					
Für die Erledigung meiner beruflichen Aufgaben reicht meine Arbeitszeit völlig aus.					
Ich habe wenig unangenehmen Stress im Büro.					
Ich reagiere nie gereizt oder aggressiv, wenn es mal im Büro/am Arbeitsplatz hektisch wird.					
Ich erfahre von Kunden, Kollegen oder Führungskräften regelmäßig Anerkennung und Wertschätzung meiner Arbeit.					

Aussage	1	2	3	4	5
Ich denke nie an einen Wechsel meines Arbeitgebers.					
Ich bin mit meiner Bezahlung zufrieden.					
Summe					

Für Ihn

Aussage	1	2	3	4	5
Beim Gedanken an den mir bevorstehenden Arbeitstag fühle ich mich gut.					
Das Verhältnis zu meinen Kollegen und Führungskräften ist konstruktiv.					
Ich habe zu Kollegen und Führungskräften auch private Kontakte.					
Ich bin mit der Ordnung und Organisation meines Arbeitsplatzes sehr zufrieden.					
Für die Erledigung meiner beruflichen Aufgaben reicht meine Arbeitszeit völlig aus.					
Ich habe wenig unangenehmen Stress im Büro.					
Ich reagiere nie gereizt oder aggressiv, wenn es mal im Büro/am Arbeitsplatz hektisch wird.					

Aussage	1	2	3	4	5
Ich erfahre von Kunden, Kollegen oder Führungskräften regelmäßig Anerkennung und Wertschätzung meiner Arbeit.					
Ich denke nie an einen Wechsel meines Arbeitgebers.					
Ich bin mit meiner Bezahlung zufrieden.					
Summe					

4. Lebensbereich: Freunde/Sozialkontakte

Dieser Lebensbereich beschreibt die Zeit und den Einsatz für Menschen außerhalb von Familie, Partnerschaft und Beruf – für Freunde, Bekannte, Nachbarn, Kontakte in Vereinen und Verbänden, aus ehrenamtlicher Tätigkeit, sozialem Engagement usw.

Für Sie

Aussage	1	2	3	4	5
Ich treffe mich regelmäßig mit Freunden/Bekannten.					
Ich habe Freunde, die ich bedenkenlos nachts um drei Uhr anrufen könnte, wenn ich ein großes Problem habe.					

Aussage	1	2	3	4	5
Ich habe Freunde/Bekannte, die mir offen ihre Meinung über mich sagen würden.					
In mir unbekannten Gruppen finde ich schnell Kontakt.					
Ich habe noch »alte Freunde« aus Schul-, Studien- oder Ausbildungszeiten.					
Ich kenne meine Nachbarn zum Teil auch privat.					
Ich habe Freunde/Bekannte, denen ich ohne große Bedenken einen hohen Geldbetrag leihen würde.					
Ich genieße gesellige Abende mit guten Gesprächen.					
Ich habe Freunde/Bekannte, bei denen ich vorübergehend einziehen könnte, wenn meine Wohnung/mein Haus abgebrannt wäre.					
Meine Freunde/Bekannten würden mich als zuverlässigen und hilfsbereiten Menschen beschreiben.					
Summe					

Für Ihn

Aussage	1	2	3	4	5
Ich treffe mich regelmäßig mit Freunden/Bekannten.					
Ich habe Freunde, die ich bedenkenlos nachts um drei Uhr anrufen könnte, wenn ich ein großes Problem habe.					
Ich habe Freunde/Bekannte, die mir offen ihre Meinung über mich sagen würden.					
In mir unbekannten Gruppen finde ich schnell Kontakt.					
Ich habe noch »alte Freunde« aus Schul-, Studien- oder Ausbildungszeiten.					
Ich kenne meine Nachbarn zum Teil auch privat.					
Ich habe Freunde/Bekannte, denen ich ohne große Bedenken einen hohen Geldbetrag leihen würde.					
Ich genieße gesellige Abende mit guten Gesprächen.					
Ich habe Freunde/Bekannte, bei denen ich vorübergehend einziehen könnte, wenn meine Wohnung/mein Haus abgebrannt wäre.					
Meine Freunde/Bekannten würden mich als zuverlässigen und hilfsbereiten Menschen beschreiben.					
Summe					

Auswertung

Wenn Sie einen *hohen Zahlenwert* – mehr als 30 Punkte – in einem der vier Bereiche haben, können Sie hier zufrieden sein: Denn dieser Lebensbereich ist gut ausgeprägt. Sie sollten dennoch darauf achten, dass er nicht zum Nachteil der anderen zu viel Gewicht bekommt.

Es kann natürlich sein, dass es Phasen im Leben gibt, in denen beispielsweise der Bereich Familie überproportional viel Raum einnimmt. Das ist der Fall, wenn kleinere Kinder da sind und sich ein Elternteil deutlich mehr der Erziehung widmet. Das ist auch im Beruf der Fall, wenn Sie eine neue Stelle antreten oder eine Firma aufbauen. Für einen überschaubaren Zeitraum macht das auch Sinn, achten Sie trotzdem darauf, dass

● das Übergewicht nicht zu groß wird und
● die Zeitspanne für die »Schieflage« begrenzt bleibt.

Seien Sie wachsam, wenn zwei Lebensbereiche extrem unterschiedliche Punktzahlen aufweisen, zum Beispiel Familie/Partnerschaft 12 und Beruf 45 Punkte. Dann gilt es nachzuschauen, ob und wie Sie das Gleichgewicht zwischen diesen Bereichen wiederherstellen können.

Insgesamt gilt: Je ausgewogener das Zahlenverhältnis zwischen allen Bereichen ist, desto größer ist die Wahrscheinlichkeit, dass Sie es schaffen, alle Ihre Fähigkeiten zum Tragen zu bringen und Ihren Bedürfnissen in Partnerschaft und Beruf genügend Platz einzuräumen. Wenn das beide Partner können, ist das eine gute Voraussetzung für ein harmonisches Miteinander von Familie und Beruf.

Wenn Sie einen *niedrigen Zahlenwert im Lebensbereich »Ich«* haben (weniger als 20 Punkte):

1. Setzen Sie sich klare, messbare Ziele

- »Ich werde täglich für mich persönlich mindestens eine Stunde Zeit finden und einplanen, um zum Beispiel zu lesen, Tagebuch zu schreiben, spazieren zu gehen, mein Hobby zu pflegen ...«
- »Ich werde in meinem nächsten Urlaub drei Tage einplanen, um über meine Lebensziele nachzudenken und diese in Worte zu fassen.«

Nehmen Sie sich Zeit, über kleine und große Ziele nachzudenken, und fragen Sie sich immer wieder: »Bringt mich mein gegenwärtiges Handeln diesen Zielen näher oder vergeude ich bloß meine Zeit?«

2. Verschaffen Sie sich mehr Bewegung

- Suchen Sie sich eine Sportart mit geringem Selbstüberwindungsfaktor aus, zu der Sie sich nicht mühevoll motivieren müssen, sondern auf die Sie sich freuen – (der Ironman in Hawaii ist kein Muss – auch Wandern, Tanzen, Billard oder Reiten können zu Ihnen passen).
- Überwinden Sie sich täglich, auch bei Wind und Wetter an die frische Luft zu gehen.
- Treiben Sie »Alltagssport« wie Mittagsspaziergang statt Pizza-Bringdienst, Treppenhaus statt Lift, außerhalb zu parken und dann ein Stück zu Fuß, eine Station früher aus der U-Bahn raus ...
- Sauna, Massage, Wellness-Behandlungen sind häufig der Einstieg in ein verbessertes Körperbewusstsein und erhöhen die Bereitschaft zu mehr Bewegung.

3. Achten Sie auf Ihre Gesundheit und auf Qualität

Alles, was Sie mit Genuss und ohne schlechtes Gewissen essen und trinken können, ist in Ordnung. Kaufen Sie statt einem Pfund Leberkäse nur 100 Gramm Filetsteak – derselbe Preis bei anderer Wirkung. Oder ein Glas guten Weines – und eine große Flasche Mineralwasser dazu statt einer ganzen Flasche Wein gegen den ersten Durst.

Wenn Sie einen *niedrigen Zahlenwert im Lebensbereich »Familie/Partnerschaft«* haben (weniger als 20 Punkte):

1. Planen Sie auch den privaten Lebensbereich

Private Termine sollten Sie ebenfalls ins Zeitplanbuch aufnehmen: Fest notierte Termine gelten als wertvoller und verpflichtender als lose Vereinbarungen (»Wir können ja mal überlegen, ob wir heute Abend gemeinsam ins Kino gehen«). Solche losen Termine werden für konkrete Termine (meist beruflicher Natur) schnell geopfert.

2. Treffen Sie Vereinbarungen – und halten Sie sich daran

Mal wieder drei Tage in Düsseldorf? Dann erleichtern einige Vereinbarungen mit der Partnerin/dem Partner die zwangsläufige Vernachlässigung und zudem fühlt sich der andere dadurch wahrgenommen und ernst genommen. Beispiele dafür sind der gemeinsame Großeinkauf am Tag zuvor, Gäste einladen für das kommende Wochenende, der Gute-Nacht-Anruf um halb elf ...

3. Kreieren Sie gemeinsame positive Ereignisse

Gerade schwere Zeiten lassen sich mit dem Blick auf ein erfreuliches Ereignis überstehen – sofern diese Ereignisse oder Belohnungen auf uns warten. Eigentlich sollte es immer etwas geben, worauf wir uns freuen können – besteht ein Mangel an solchen Ereignissen, initiieren wir diese selbst. Der Kurztrip nach Paris, ein Theater- oder ein Konzertbesuch: Solche festen Termine, verankert im Kalender, fallen immer wieder ins Auge und schaffen Vorfreude.

4. Ehe- und Familienberatung

Nach all diesen eher »einfachen« Impulsen sei der Hinweis gestattet, dass man auch mal einen fragen kann, »... der sich damit auskennt« – also einen professionellen Coach, Supervisor oder Therapeuten. Manche Problemstellungen im Bereich der eigenen Persönlichkeit, der Beziehungen und der Kommunikation brauchen eine langfristige, dauerhafte Beschäftigung, um zu einer guten Lösung zu finden.

Wenn Sie einen *niedrigen Zahlenwert im Lebensbereich »Beruf«* haben (weniger als 20 Punkte):

1. Definieren Sie berufliche Ziele (nach kritischer Reflexion Ihrer eigenen Ressourcen)

● Was ist mein berufliches Ziel?
● Welche Kompetenzen will ich erwerben?
● Welche Position möchte ich besetzen?
● Wie viel Verantwortung möchte ich tragen?
● Welche zeitlichen Ressourcen kann ich einsetzen?

2. Love it – leave it – or change it!

● Manchmal täuscht der scheinbare Zwang, sich um das Kind kümmern zu müssen, über die Tatsache hinweg, dass wir mit dem derzeitigen Job unzufrieden sind. Überprüfen Sie Ihre wahren Beweggründe für eine mögliche Kündigung.
● Sie können Ihren eigenen Handlungsspielraum einmal kritisch beleuchten – er ist meist größer, als Sie denken! Nutzen Sie den Spielraum zur Gestaltung Ihrer Arbeitsbedingungen aus? Können Sie ihn erweitern?

3. Organisation

Wie ist es um mein berufliches Selbstmanagement bestellt? Setze ich die richtigen Prioritäten? Verfüge ich über ein Ordnungssystem? Kann ich »nein« sagen, um Störungen zu reduzieren? Wie bewältige ich komplexe Projekte – habe ich ein persönliches Projektmanagement? Plane ich den Tag – oder »lasse ich mal alles auf mich zukommen«? Die Fähigkeit zum Selbstmanagement ist einer der wichtigsten Faktoren und Einflussgrößen, um Arbeitsbedingungen befriedigender zu gestalten!

Wenn Sie einen *niedrigen Zahlenwert im Lebensbereich »Freunde/Sozialkontakte«* haben (weniger als 20 Punkte):

1. Suchen Sie nach Kontaktmöglichkeiten, aus denen Freundschaften erwachsen können

- Nehmen Sie Kontakt auf zu anderen Menschen in ähnlichen Lebenssituationen.
- Wer andere Menschen (zum Beispiel zum Essen oder zum gemeinsamen Kochen) einlädt, wird manchmal ebenfalls eingeladen und lernt so die Freunde der Freunde kennen.

2. Pflegen Sie vorhandene Freundschaften

Achten Sie auf regelmäßige Kontakte, feste Termine, gelegentliche E-Mails. Aber: Mit veränderten Situationen ändern sich auch die Freundschaften!

3. Suchen Sie keine Freundschaften um jeden Preis

Zeit, die Sie mit Menschen verbringen, die Sie sowieso nicht leiden können, ist Zeit, in denen Sie sich besser auf Kontakte zu angenehmen Menschen konzentrieren. Außerdem prägt sich unter Umständen das Bild ein, Kontakte mit anderen wäre eine unangenehme Sache.

4. Geben Sie der Entwicklung von Freundschaften Zeit

- Stürzen Sie sich nicht euphorisch auf Ihre neuen Freunde, lassen Sie sich und anderen Zeit für das Wechselspiel aus Nähe und Distanz.

● Freunde und Bekannte müssen sich nicht täglich sehen, sie brauchen manchmal nur die Regelmäßigkeit eines Telefonanrufes oder irgendeines anderen Lebenszeichens.

Transferarbeit

Tragen Sie jetzt Ihre Zahlenwerte noch einmal in jeden der vier Lebensbereiche ein und formulieren Sie anschließend mindestens fünf Ziele für jeden Bereich, die für Sie in den nächsten drei Jahren gelten sollen. Tauschen Sie sich anschließend mit Ihrem Partner darüber aus.

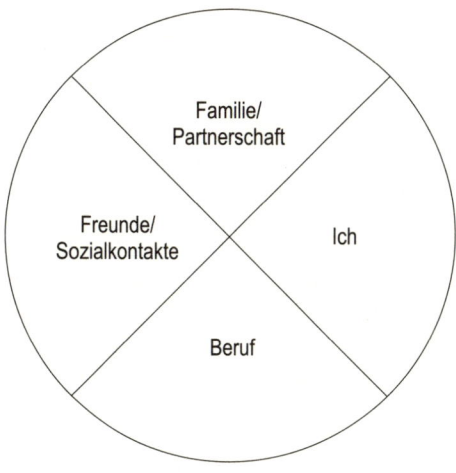

Ein Werkzeugkoffer für individuelles Zeitmanagement

»Nachdem wir das Ziel endgültig aus den Augen verloren hatten, verdoppelten wir unsere Anstrengungen.«

Mark Twain

Warum überhaupt Planung?

Wenn Sie jetzt wissen, was für Sie wichtig in Ihrem Leben ist, Sie aber bisher keine Zeit dafür hatten, dann haben Sie zwei Möglichkeiten: Entweder Sie ändern Ihre Wertvorstellungen oder die Art und Weise, wie Sie Ihre Zeit verbringen. Andernfalls werden Sie Frustration, Schuld oder Leere empfinden. Sie können nicht darauf warten, dass die wichtigen Dinge in Ihrem Leben zufällig eintreten. Sie müssen selbst dafür sorgen, dass sie passieren. Sie müssen Ihre Ziele in Aktionen umsetzen und dafür brauchen Sie Planung. Durch Planung werden Ziele mit Maßnahmen verknüpft. Sie verhilft zu klareren Vorstellungen.

Familienplanung sorgt für Balance

Beim Planen denken Sie vielleicht nur an große Projekte, an denen viele Menschen beteiligt sind, die sich miteinander absprechen sollten. Aber auch Teile des Alltags müssen geplant werden, vor allem in der Familie, wo mehrere Personen verschiedene Aktivitäten miteinander vereinbaren müssen. Mit einem Kind mögen Termine und Vorhaben noch überschaubar sein, wenn aber Arzttermine, Kindergartenausflüge, Schulsprechtage und Musikunterricht von zwei oder mehr Kindern mit privaten und beruflichen Terminen der Eltern zusammengebracht werden müssen, bricht ohne Planung schnell das Chaos aus.

Diese Arbeiten bedürfen unbedingt einer Planung:

- komplexe Aufgaben,
- schwierige Arbeiten,
- Arbeiten, an denen mehrere Personen beteiligt sind (also das gesamte Familienmanagement),
- neue Arbeiten,
- Arbeiten mit Stichtagen,
- Veränderungsprojekte wie Berufsrückkehr, Einschulung, Kinderbetreuung,
- Besprechungen,
- manche Telefongespräche.

Verabsolutieren Sie aber einmal aufgestellte Pläne nicht. Sie dürfen ruhig verändert werden, wenn Entwicklungen eingetreten sind, die nicht vorhersehbar waren. Schlecht ist, wenn Pläne

- blind machen für unverhoffte Chancen,
- flexible Reaktionen verhindern,
- den Handelnden gar versklaven.

Schriftliche Planung entlastet das Hirn

Wenn Sie Ihre Planungen – in welcher Form auch immer – schriftlich festhalten, entlasten Sie Ihr Gedächtnis und behalten Sie den Überblick. Sie müssen nicht immerzu an unerledigte Sachen denken und können Ihre Konzentration auf das lenken, was Sie jetzt gerade aktuell tun. Schriftliche Unterlagen haben zudem eine selbstmotivierende Funktion und Sie können mit ihrer Hilfe sicherer über Prioritäten entscheiden.

Prioritäten setzen schafft Freiräume

Es geht nicht darum, den ganzen Tag nur wichtige, produktive Arbeit zu verrichten und immerzu effektiv zu sein. Vielmehr sollen Sie sich darüber klar werden, welche Aufgaben Sie Ihren Zielen näher bringen. Wenn Ihnen der Sinn eher nach Tätigkeiten steht, die Spaß machen oder die Sie einfach gut können, dann tun Sie sie bewusst zur Zerstreuung oder Entspannung: ein informelles Gespräch mit der Kollegin, aufräumen und sortieren oder auch nur aus dem Fenster schauen und nachdenken. Jeder braucht Zeiten, in denen er nicht unter Volldampf steht. Wenn Sie zu Hause arbeiten: Gönnen Sie sich einen Spaziergang oder eine Runde Toben mit Ihrem Kind. Erledigen Sie Arbeiten, bei denen Sie ein wenig abschalten können – und wenn es Bügeln ist.

Wie entscheidet man, was wichtig ist und was weniger wichtig?

Entscheidungen über die Reihenfolge der zu erledigenden Punkte können bei manchen Menschen gut aus dem Bauch heraus funktionieren, wenn sie ein Gespür für das Wesentliche haben. Sicherer ist es jedoch, sich Gedanken über die

Wichtigkeit und die Dringlichkeit der notierten Aktivitäten zu machen. Vielleicht hilft Ihnen dabei das »Eisenhower-Prinzip«:

Machen Sie sich den Unterschied zwischen wichtigen und dringenden Angelegenheiten klar und teilen Sie dann Ihre Aktivitäten nach unten stehendem Muster in einen der vier Quadranten ein:

Beispiel:

	dringend	nicht dringend
wichtig	*Quadrant I* Krisen drängende Probleme manche Projekte spezielle Besprechungen manche Vorbereitungen das schreiende Baby ein krankes Kind Aktuelles Familienmanagement	*Quadrant II* Vorbereitung Vorbeugung eigene Zieldefinition Planung: langfristig und kurzfristig Beziehungspflege mit Kollegen Paarkultur Entspannung/Fitness Weiterbildung Zeit für Kinder, Freunde
nicht wichtig	*Quadrant III* manche Post manche Besprechungen manche beliebten Tätigkeiten manche Anrufe	*Quadrant IV* Geschäftigkeit manche Fleißarbeit manche Post manche Anrufe

Ihre Prioritäten

	dringend	nicht dringend
wichtig	*Quadrant I*	*Quadrant II*
nicht wichtig	*Quadrant III*	*Quadrant IV*

Viele Menschen bearbeiten ihre Aufgaben in folgender Reihenfolge:

1. wichtig und dringend,
2. dringend, aber nicht wichtig,
3. wichtig, aber nicht dringend,
4. weder wichtig noch dringend.

Der zweite Quadrant ist der Wichtigste

Die Positionen 2 und 3 sollten aber vertauscht werden: Anstatt permanent auf dringende, aber unwichtige Angelegenheiten zu reagieren, sollten wir uns auf das wirklich Wichtige konzentrieren: auf die Inhalte des zweiten Quadranten. Wenn wir diesen Quadranten ignorieren oder ihn hintanstellen, dann lassen wir zu, dass unsere wichtigen Aufgaben zu dringenden Problemen werden. Sie wandern in den ersten Quadranten und müssen dann unter Zeitdruck bearbeitet werden. Das führt zu Stress, Erschöpfung und sogar manchmal in tiefere Lebenskrisen.

Wenn Sie also Ihr Kind immer wieder vertrösten, weil Sie angeblich keine Zeit haben, ihm auch nur zuzuhören, wird es plötzlich trotzig oder auch aggressiv. Die Folge: Es wird dann unter Umständen in einer »unpassenden Situation« zum dringenden Fall.

Je mehr Zeit wir mit Quadrant-II-Tätigkeiten verbringen, umso größer wird unsere Handlungsfähigkeit, weil sich die wichtigen Probleme erst gar nicht drohend vor uns aufbauen. Der zweite Quadrant enthält keine hochdringlichen Angelegenheiten. Er wirkt daher nicht auf uns ein – wir müssen auf ihn einwirken.

Vorbeugung ist besser als Feuerwehr spielen

Je mehr Zeit Sie auf Vorbeugung, Planung, Vorbereitung und Beziehungsarbeit zu Ihren Mitmenschen verwenden, desto weniger müssen Sie im Quadrant I Feuerwehr spielen und eventuell Scherben zusammenkehren. Vielleicht glauben Sie, für Quadrant II keine Zeit zu haben. Dann schauen Sie sich im Quadrant III um und gewinnen Sie die Zeit zurück, die Sie bisher an die Illusion der Dringlichkeit verloren haben. Es ist der gleiche Unterschied wie zwischen Vorbeugung und Behandlung in der Medizin. Die Behandlung befasst sich mit dem akuten und schmerzhaften Stadium der Krankheit. Die konsequente Anwendung des Eisenhower-Prinzips mit einer starken Fokussierung auf den zweiten Quadranten lässt sich als Prävention gegen die Dringlichkeitssucht begreifen.

Nicht die gesamte Zeit verplanen

Schauen Sie sich intensiv alle Ziele und Aktivitäten an, die wichtig, aber nicht dringend sind, und räumen Sie ihnen einen Termin bei sich ein. Verplanen Sie die Woche nicht zu sehr mit zeitgebundenen Verabredungen, die Ihnen keine Luft mehr für die wirklich wichtigen Dinge lassen. Tragen Sie Verabredungen mit sich selbst in Ihren Terminkalender ein und entwickeln Sie dabei Aktivitäten aus dem zweiten Quadranten.

Der Selbst-Check zum Prioritätensetzen

Markieren Sie die Zahl (= Punkte), die Ihrem Verhalten am nächsten kommt (1 = nie, 2 = gelegentlich, 3 = häufig, 4 = meistens, 5 = immer):

Für Sie

Aussage	1	2	3	4	5
Unter Druck arbeite ich am besten.					
Die Langsamkeit der Menschen um mich herum macht mich wahnsinnig.					
Ich hasse es, in einer Schlange zu stehen.					
Ich habe Schuldgefühle, wenn ich mir einmal freinehme.					
Ich hetze von einem Ort und von einem Ereignis zum anderen.					
Ich wehre Menschen ab, um eine Aktivität abschließen zu können.					
Ich opfere Zeit, die ich mit Partner und Familie verbringen wollte, für drängende Job-Angelegenheiten.					
Ich setze das Verständnis meiner Mitmenschen voraus, wenn ich sie wegen einer dringenden Sache vernachlässigen muss.					
Mein Mittagessen oder mein Frühstück nehme ich oft während der Arbeit ein.					
Ich stelle mir ständig vor, eines Tages das tun zu können, was ich gerne möchte.					
Ein großer Stapel erledigter Sachen gibt mir das Gefühl großer Produktivität.					
Ich gönne mir eine Auszeit erst, wenn alles erledigt ist.					
Summe					

Aussage	1	2	3	4	5
Unter Druck arbeite ich am besten.					
Die Langsamkeit der Menschen um mich herum macht mich wahnsinnig.					
Ich hasse es, in einer Schlange zu stehen.					
Ich habe Schuldgefühle, wenn ich mir einmal freinehme.					
Ich hetze von einem Ort und von einem Ereignis zum anderen.					
Ich wehre Menschen ab, um eine Aktivität abschließen zu können.					
Ich opfere Zeit, die ich mit Partner und Familie verbringen wollte, für drängende Job-Angelegenheiten.					
Ich setze das Verständnis meiner Mitmenschen voraus, wenn ich sie wegen einer dringenden Sache vernachlässigen muss.					
Mein Mittagessen oder mein Frühstück nehme ich oft während der Arbeit ein.					
Ich stelle mir ständig vor, eines Tages das tun zu können, was ich gerne möchte.					
Ein großer Stapel erledigter Sachen gibt mir das Gefühl großer Produktivität.					
Ich gönne mir eine Auszeit erst, wenn alles erledigt ist.					
Summe					

119

Wenn Sie mehr als 45 Punkte erreicht haben, ist es an der Zeit, einmal innezuhalten und sich Entlastung zu schaffen. Fragen Sie sich, ob dieses Verhalten Sie Ihren Zielen wirklich näher bringt. Und fragen Sie sich auch, wie lange Sie noch an den Träumen, Visionen und all den schönen Dingen des Lebens vorbeirasen wollen.

Falls Sie wirklich bereit sind, an Ihrer Grundeinstellung zu arbeiten, bevor sich der Körper mit Krankheitssymptomen meldet oder die Kinder quengelig und schwierig werden, kann Ihnen die Arbeit mit dem Eisenhower-Prinzip auf folgende Weise helfen:

1. Planung

Welche zehn beruflichen und privaten Aktivitäten haben Sie in der nächsten Woche zu erledigen?

- Schreiben Sie jede Aktivität auf ein Post-it.
- Sortieren Sie die Streifen in zwei Gruppen: in solche, die Sie Ihren Zielen näher bringen, und in den Rest.
- Nehmen Sie das Blatt mit den vier Quadranten des Eisenhower-Prinzips und sortieren Sie die Klebestreifen mit Ihren Aktivitäten entsprechend ein.
- Gibt es Aktivitäten, die Sie für wichtig halten, die Sie aber Ihren Zielen nicht näher bringen? Geben Ihnen diese Aktivitäten Hinweise auf weitere, versteckte Ziele?

2. Analyse

Tragen Sie die Tätigkeiten der letzten Arbeitswoche in die entsprechenden Quadranten ein.

- Wo haben Sie die meiste Zeit verbracht?
- Was wäre passiert, wenn Sie die eine oder andere Q-III- oder Q-IV-Aktivität einfach weggelassen hätten?

- Welche Aktivitäten aus anderen Lebensbereichen gehören in welche Quadranten?

Tauschen Sie sich als Paar darüber aus, auf welche Weise jeder plant und Prioritäten setzt. In der Regel können beide Partner voneinander lernen.

Planungshilfsmittel

Wie Sie planen – ob mit Kreide auf einer Schultafel oder elektronisch im Notebook –, ist unerheblich. Wichtig ist, *dass* Sie planen und Ihr eigenes System auch konsequent anwenden.

Für Paar- und Familienmanagement ist es wichtig, dass alle Beteiligten zu jeder Zeit einen Überblick über den aktuellen Stand der Planungen haben. Spätestens beim zweiten Kind ist ein Familienkalender sinnvoll. Er sollte im Flur oder in der Küche gut sichtbar platziert sein und so viele Spalten haben, wie es Familienmitglieder gibt. Er verhindert, dass sich Termine überschneiden, und stellt sicher, dass der jeweils Daheimgebliebene planen kann, ohne den anderen erst fragen zu müssen. Hier gehören private Aktivitäten wie Einladungen, Sport oder Friseurtermine genauso hinein wie Dienstreisen oder Zahnarzttermine fürs Kind.

To-do-Listen

Alle anderen Aktivitäten, die irgendwann im Laufe des Monats, der Woche oder des Tages erledigt werden müssen, halten Sie am besten in einer Aktivitäten- oder To-do-Liste fest. Sie muss nicht unbedingt eine bestimmte Form haben, eine formlose, schlampige Liste ist vollkommen ausreichend. Sie können leere Blätter nehmen und diese selbst strukturieren oder vorgefertigte Formulare benutzen. To-do-Listen mit Vorhaben, die die Familie betreffen, gehören in die Nähe des Kalenders.

Haben Sie Ihre To-do-Liste in Form von Klebezetteln auf dem Schreibtisch, am Monitor des PCs oder am Kühlschrank organisiert? Oder lassen Sie einfach die Dinge, die Sie noch bearbeiten wollen, auf Ihrem Schreibtisch liegen, damit Sie daran erinnert werden? Solche Merkhilfen rauben Ihnen einen großen Teil Ihrer Konzentration, weil Sie eben ständig daran erinnert werden. Wenn Sie sich an die Klebezettel an Ihrem Monitor aber erst gewöhnt haben, verfehlen sie ihren Zweck. Räumen Sie rigoros alles von Ihrem Schreibtisch weg, was Sie nicht gerade bearbeiten. Die Unterlagen, die Sie zur Bearbeitung Ihrer Aktivitäten brauchen, gehören in die Ablage oder in ein organisiertes Wiedervorlagesystem.

Höchstens 60 Prozent verplanen

Packen Sie Ihren Plan nicht zu voll. Nur 60 Prozent der Arbeitszeit und ein noch viel geringerer Anteil der Freizeit sollten mit dem Terminkalender und der To-do-Liste verplant werden. Das Leben ist keine Reinkarnation des Terminkalenders. Sie müssen in der Lage sein, auf unerwartete Chancen zu reagieren und sich Ihre Spontaneität zu erhalten.

Mindmapping

Mit Listen und Projektblättern können manche Menschen wenig anfangen. Sie sind für sie langweilig und stupide. Eine andere Art, Projekte in Teilaktivitäten zu untergliedern oder sich Notizen für ein Gespräch oder eine Jahresplanung zu machen, ist das Mindmapping (siehe Seite 65 ff.). Das Thema, um das es geht, wird in die Mitte eines Blattes geschrieben und eingekreist. Von diesem Kreis aus zeichnet man Linien nach außen, wie Äste eines Baumes, und schreibt einige Oberbegriffe dran, die einem zu diesem Thema einfallen. Von den Ästen aus kann man weiter kleinere Linien (Zweige) zeichnen und damit den Oberbegriff noch verfeinern.

Mindmaps sind im Grunde nur gegliederte Listen, deren Einträge zusammen mit grafischen Elementen auf einem Blatt verteilt angeordnet sind. Manche Menschen bevorzugen Mindmaps gegenüber Listen, weil sie so bei der Planung gestalterische Elemente verwenden können.

Zehn Minuten täglich

Eine Umfrage in verschiedenen Großunternehmen hat ergeben, dass der geschätzte Führungsaufwand für Projekte zwischen 10 und 25 Prozent liegt. Ein großer Teil dieses Aufwandes steckt in der Planung. Wenn Sie Ihren eigenen Arbeitstag, Ihre Arbeitswoche oder Ihr Arbeitsjahr als Projekt ansehen, dann ist auch dafür ein gewisser Planungsaufwand notwendig. Wir empfehlen

- 5 Minuten abends für die Planung des darauf folgenden Tages,
- 5 Minuten morgens, um die Planung noch einmal kurz zu überdenken,
- 15 Minuten freitags abends zur Planung der kommenden Woche,
- 30 Minuten am letzten Arbeitstag im Monat zur Planung des kommenden Monats und
- 1 Tag irgendwann am Jahresende für eine grobe Jahresplanung.

Erstellen Sie Ihren Tagesplan am Abend zuvor. Damit nutzen Sie Ihr Unterbewusstsein, das die Aktivitäten gespeichert hat und bereits daran arbeitet. Am nächsten Morgen können Sie dann direkt loslegen und die erste Stunde bereits produktiv nutzen. Die abendliche Tagesplanerstellung hat noch einen weiteren Vorteil: Sie können mit dem ruhigen Gefühl den Feierabend beginnen, dass der kommende Tag strukturiert ist und dass Sie im Prinzip wissen, was morgen zu tun ist. Sie können dann vielleicht besser abschalten, als wenn der nächste Tag noch verschwommen vor Ihnen liegt.

Für ein gelungenes Familienmanagement gilt natürlich, dass ein Teil der Planung gemeinsam besprochen wird, und zwar mit der gleichen Konsequenz und Regelmäßigkeit wie die berufliche Arbeitsplanung des Einzelnen. Der Aufwand lohnt! Bei dieser Gelegenheit können gleich Aufgaben verteilt werden und Missverständnisse und unnötige Auseinandersetzungen werden verhindert.

Zeitdiebe oder: Mögliche Ursachen von Zeitstress

Jeder kennt das Gefühl, mit all seinen Aufgaben nicht fertig zu werden, ob es Familienaufgaben, Ehrenämter, berufliche Anforderungen, Freundschaftsdienste oder alles zusammen ist. Sie können nun entscheiden, ob Sie weiterhin stöhnen und jammern wollen und sich damit vielleicht auf Ihre Weise ein Gefühl von Wichtigkeit und Anerkennung bei anderen holen oder ob Sie sich wirklich entlasten wollen. Manchmal ist es wirklich viel, das geben wir gerne zu, aber meist sind es so kleine, unsichtbare Wesen, die uns unsere wertvolle Zeit stehlen – die Zeitdiebe. Sie sind jedoch keine geheimen Mächte, die uns von außen bedrohen, sondern wir haben sie gerufen, wir füttern sie, sie sind die fantasiereichen Kreationen unserer verinnerlichten Verhaltensmuster. Aber wenn wir sie gerufen haben, können wir sie auch wieder wegschicken – wenn wir wollen.

Anfang der 70er-Jahre bat der amerikanische Forscher Alec Mackenzie leitende Personen aus unterschiedlichen Bereichen, eine Liste mit ihren Zeitdieben aufzustellen. Die Listen waren praktisch austauschbar. Mackenzie unterschied zwischen Zeitdieben von außen und solchen aus dem Inneren. Eine genaue Betrachtung der äußeren ergab, dass auch hinter den äußeren Zeitdieben verinnerlichte Verhaltensweisen stecken. Und die lassen sich auf zwei wesentliche reduzieren: mangelnde Delegationsbereitschaft und die Unfähigkeit, »nein« zu sagen.

Im Folgenden können Sie selbst testen, welches Ihre persönlichen Zeitdiebe sind.

Zeitdiebe-Test: Wo liegt der Hase im Pfeffer?

Lesen Sie jeder für sich die folgenden Aussagen und prüfen Sie so ehrlich wie möglich, inwieweit sie zutreffen. Markieren Sie jeweils die Zahl (= Punkte), die Ihnen am meisten entspricht (1 = zutreffend, 2 = teilweise zutreffend, 3 = wenig zutreffend, 4 = nicht zutreffend). Zählen Sie dann für jeden der sechs Bereiche die Punkte zusammen.

Für Sie

»Aufschieberitis«	1	2	3	4
Viele laufende Arbeiten habe ich noch nicht beendet.				
Es dauert immer ein bisschen, bis ich große und anspruchsvolle Aufgaben beginne.				
Ich habe oft Probleme, eine große Aufgabe abzuschließen.				
Schwierige Aufgaben stelle ich oft zurück.				
Häufig wechsle ich Arbeiten, ohne eine abzuschließen.				
Wenn ich ins Büro komme, brauche ich erst meine Zeitung oder eine Tasse Kaffee.				
Ich brauche viel Disziplin für den Beginn bestimmter Aufgaben.				
Summe				

Nicht »nein« sagen können	1	2	3	4
Ich habe zu viel um die Ohren.				
Ich engagiere mich oft für Angelegenheiten, die nicht zu meinem unmittelbaren Aufgabenbereich gehören.				
Ich bin bei uns die Feuerwehr. Dauernd werde ich zum Löschen von Bränden gebraucht.				
Ich helfe häufiger Kollegen und Mitarbeitern bei Dingen, die sie genauso gut selbst erledigen könnten.				
Lob von anderen ist für mich das Größte.				
Ich freue mich, wenn mich jemand bittet, für ihn eine Aufgabe zu erledigen.				
Vieles kann ich einfach besser als manche anderen.				
Summe				

Häufige Störungen	1	2	3	4
Ich empfange unangemeldete Besucher während meiner Arbeitszeit.				
Zeiten, in denen ich mich auf eine Sache konzentrieren kann, gibt es bei mir nicht.				
Unterbrechungen kosten mich viel Arbeitszeit.				
Ständig will jemand etwas von mir.				
Pausenlos klingelt bei mir das Telefon.				
Ich weiß gerne über alles Bescheid, was so läuft.				

Ich kann mich höchstens zehn Minuten auf eine Arbeit konzentrieren, bevor ich wieder unterbrochen werde.				
Summe				
Unordnung	1	3	3	4
In meinen Schubladen liegen viele Dinge, die nicht dorthin gehören.				
Um an benötigte Unterlagen heranzukommen, muss ich oft Papiere umstapeln.				
Ich muss häufig lange nach Gegenständen suchen, die ich gerade brauche.				
Kleine Zettel, die mich an wichtige Dinge erinnern sollen, habe ich ständig im Blickfeld.				
Viele Dinge auf meinem Schreibtisch sollen mich an Dinge erinnern, die noch zu erledigen sind.				
Mein Schreibtisch ist so voll, dass ich manche Arbeiten an einem anderen Platz erledige.				
Manchmal finde ich Dinge wieder, die ich schon lange vermisst habe.				
Summe				
Genauigkeit und Perfektion	1	2	3	4
Ich brauche oft lange, dafür wird es aber besonders gut.				
Mein Umfeld reagiert gereizt auf mich, wenn ich mit vielen Details ankomme.				
Ich werde unruhig, wenn nicht alles bis ins Detail geplant ist.				

Kreative Menschen mit ihren schwammigen Formulierungen sind mir ein Gräuel.				
Ich koche genau nach Rezept.				
Ich weiß gerne über alle Einzelheiten Bescheid.				
Wenn ich anfange aufzuräumen, verzettle ich mich leicht.				
Summe				

Mangelnde Delegations-bereitschaft	1	2	3	4
Es geht schneller, Dinge selbst zu erledigen, anstatt jemand anderem etwas zu erklären.				
Mit Delegieren habe ich überwiegend schlechte Erfahrungen gemacht.				
Wenn man nicht alles selbst macht, bleibt es liegen oder wird nur unvollständig erledigt.				
Wenn es jemand anders macht, geht es schief und ich bin schuld.				
Ich bin eine schlechte Mutter/ein schlechter Vater, wenn ich Aufgaben, die die Kinder betreffen, von anderen machen lasse.				
Es gibt einige Aufgaben, für die nur ich das richtige Gefühl habe.				
Bis ich die Kinder dazu gebracht habe aufzuräumen, habe ich es längst selbst gemacht.				
Summe				

»Aufschieberitis«	1	2	3	4
Viele laufende Arbeiten habe ich noch nicht beendet.				
Es dauert immer ein bisschen, bis ich große und anspruchsvolle Aufgaben beginne.				
Ich habe oft Probleme, eine große Aufgabe abzuschließen.				
Schwierige Aufgaben stelle ich oft zurück.				
Häufig wechsle ich Arbeiten, ohne eine abzuschließen.				
Wenn ich ins Büro komme, brauche ich erst meine Zeitung oder eine Tasse Kaffee.				
Ich brauche viel Disziplin für den Beginn bestimmter Aufgaben.				
Summe				

Nicht »nein« sagen können	1	2	3	4
Ich habe zu viel um die Ohren.				
Ich engagiere mich oft für Angelegenheiten, die nicht zu meinem unmittelbaren Aufgabenbereich gehören.				
Ich bin bei uns die Feuerwehr. Dauernd werde ich zum Löschen von Bränden gebraucht.				
Ich helfe häufiger Kollegen und Mitarbeitern bei Dingen, die sie genauso gut selbst erledigen könnten.				
Lob von anderen ist für mich das Größte.				

Ich freue mich, wenn mich jemand bittet, für ihn eine Aufgabe zu erledigen.				
Vieles kann ich einfach besser als manche anderen.				
Summe				

Häufige Störungen	1	2	3	4
Ich empfange unangemeldete Besucher während meiner Arbeitszeit.				
Zeiten, in denen ich mich auf eine Sache konzentrieren kann, gibt es bei mir nicht.				
Unterbrechungen kosten mich viel Arbeitszeit.				
Ständig will jemand etwas von mir.				
Pausenlos klingelt bei mir das Telefon.				
Ich weiß gerne über alles Bescheid, was so läuft.				
Ich kann mich höchstens zehn Minuten auf eine Arbeit konzentrieren, bevor ich wieder unterbrochen werde.				
Summe				

Unordnung	1	3	3	4
In meinen Schubladen liegen viele Dinge, die nicht dorthin gehören.				
Um an benötigte Unterlagen heranzukommen, muss ich oft Papiere umstapeln.				

	1	2	3	4
Ich muss häufig lange nach Gegenständen suchen, die ich gerade brauche.				
Kleine Zettel, die mich an wichtige Dinge erinnern sollen, habe ich ständig im Blickfeld.				
Viele Dinge auf meinem Schreibtisch sollen mich an Dinge erinnern, die noch zu erledigen sind.				
Mein Schreibtisch ist so voll, dass ich manche Arbeiten an einem anderen Platz erledige.				
Manchmal finde ich Dinge wieder, die ich schon lange vermisst habe.				
Summe				
Genauigkeit und Perfektion	**1**	**2**	**3**	**4**
Ich brauche oft lange, dafür wird es aber besonders gut.				
Mein Umfeld reagiert gereizt auf mich, wenn ich mit vielen Details ankomme.				
Ich werde unruhig, wenn nicht alles bis ins Detail geplant ist.				
Kreative Menschen mit ihren schwammigen Formulierungen sind mir ein Gräuel.				
Ich koche genau nach Rezept.				
Ich weiß gerne über alle Einzelheiten Bescheid.				
Wenn ich anfange aufzuräumen, verzettle ich mich leicht.				
Summe				

Mangelnde Delegations-bereitschaft	1	2	3	4
Es geht schneller, Dinge selbst zu erledigen, anstatt jemand anderem etwas zu erklären.				
Mit Delegieren habe ich überwiegend schlechte Erfahrungen gemacht.				
Wenn man nicht alles selbst macht, bleibt es liegen oder wird nur unvollständig erledigt.				
Wenn es jemand anders macht, geht es schief und ich bin schuld.				
Ich bin eine schlechte Mutter/ein schlechter Vater, wenn ich Aufgaben, die die Kinder betreffen, von anderen machen lasse.				
Es gibt einige Aufgaben, für die nur ich das richtige Gefühl habe.				
Bis ich die Kinder dazu gebracht habe aufzuräumen, habe ich es längst selbst gemacht.				
Summe				

Dort, wo Sie weniger als 14 Punkte gesammelt haben, befinden sich mit ziemlicher Sicherheit Ihre beliebtesten Zeitdiebe. Wie Sie die bekämpfen können, lesen Sie im Folgenden.

»Aufschieberitis«

Haben Sie schon einmal gezählt, wie oft Sie täglich dem »Später-Impuls« folgen? Durch Aufschieberei geht Ihnen mehr Zeit verloren als durch jede andere einzelne Einflussgröße. Es lohnt sich also, daran zu arbeiten. Um Aufschieberitis handelt es sich immer dann, wenn Sie eine hohe Priorität zugunsten einer niedrigeren verschieben. Wenn Sie zum Beispiel Aktivitäten mit den eigenen Kindern absagen, weil noch dringende Aufgaben im Büro zu erledigen sind. Unwichtiges wird dagegen selten verschoben. Durch unser promptes Reagieren auf Dringendes und Verschieben von Wichtigem sorgen wir häufig für Krisen in unserem Leben.

Wenn Sie bis zur letzten Minute warten, bevor Sie sich an die Arbeit machen, stehen Sie unter starkem Zeitdruck. Wenn dann noch etwas Unvorhergesehenes dazwischenkommt, kann sich leicht eine Krise entwickeln, unter der schnell auch ihre Familie leidet. Die Auswirkungen der Aufschieberei sind dann in Ihren zwischenmenschlichen Beziehungen noch lange zu spüren.

Nehmen Sie sich vor, einmal pro Monat, pro Woche oder pro Tag etwas Unbeliebtes, aber Wichtiges zu tun. Gewähren Sie sich selbst eine Belohnung, wenn die Arbeit fertig ist, oder delegieren Sie die Aufgabe. Vielleicht gibt es ja in Ihrem Umfeld jemanden, der die Aufgabe gerne übernimmt.

Könnte es sein, dass Ihr persönlicher Grund für das Aufschieben eher eine grundsätzliche Unentschlossenheit ist? Möchten Sie vielleicht immer die richtigen Entscheidungen treffen, möglichst perfekt sein, und haben Sie Angst, dass etwas schief gehen könnte? Wahrscheinlich haben Sie dann im Bereich »Genauigkeit und Perfektion« auch weniger als 14 Punkte. Lesen Sie dann auf jeden Fall auch die Seiten 138 f.

»Nein« sagen kann man trainieren

> *»Alles, was man gegen sein Gefühl und gegen sein inneres Wissen tut, anderen zuliebe, ist nicht gut und muß früher oder später teuer bezahlt werden.«*
>
> *Hermann Hesse*

Zeitnot im Job oder auch die von Müttern und Vätern im privaten Umfeld rührt häufig aus der Unfähigkeit, Bitten auszuschlagen: »Das kannst du doch so gut!« oder »Ach, Sie machen das doch auch noch mit links!« Das sind die Ködersätze, mit denen andere Sie einfangen.

Beziehen Sie vielleicht einen Teil Ihres Selbstbewusstseins aus der Tatsache, dass sich andere immer an Sie wenden, wenn es brennt oder wenn es etwas Schwieriges zu erledigen gilt? Kommen Sie nicht mehr zu Ihren eigentlichen Aufgaben, weil Sie immerzu jemanden aus einer Verlegenheit heraushelfen sollen? Kommen Sie sich manchmal ausgenutzt vor? Dann ist es an der Zeit, das Neinsagen zu trainieren. Damit ist nicht gemeint, dass Sie von heute an niemandem mehr einen Gefallen tun und nur noch mit der »Macht euren Kram doch alleine«-Miene herumlaufen. Es geht vielmehr darum, das Geben und Nehmen so etwa ins Gleichgewicht zu bringen. (Sie brauchen dazu keine Buchführung darüber zu beginnen!)

Sagen Sie nicht »ja«, wenn Sie eigentlich »nein« meinen. Ein klares und höfliches Nein ist besser als ein halbherziges Ja. Sei es aus einem schlechten Gewissen heraus oder aus der Furcht, nicht mehr anerkannt zu werden: Viele trauen sich nicht, die an sie herangetragenen Bitten abzuschlagen.

Ein »Nein« lehnt nicht automatisch die Person ab!

Werden Sie sich darüber klar, dass das Ablehnen einer Bitte nicht mit dem Ablehnen der bittenden Person verbunden ist. Wenn Sie »nein« sagen wollen, machen Sie Ihrem Gegenüber Ihre Wertschätzung deutlich und drücken Sie aber gleichzeitig ganz klar aus, dass Sie momentan über keine zeitlichen Reserven verfügen:

»Ich schätze Ihre Arbeit sehr, aber ich kann Sie beim besten Willen nicht unterstützen.«

Das eigene »Nein« ernst nehmen

Vielleicht denken Sie sich jetzt, ich sage ja schon »nein«, aber es hat so gut wie keine Wirkung. Wie kommt das? Ist Ihr »Nein« so leise und verhalten, dass es andere einfach ignorieren können? Sagen Sie »nein«, doch Ihre Gesten und Ihre Körperhaltung sprechen ein deutliches »Ja, eigentlich schon«? Denken Sie »ja«, obwohl Sie »nein« aussprechen?

All diese Signale kommen bei Ihrem Gegenüber an und geben die Botschaft »Mein Nein ist gar kein richtiges Nein«. Gerade Kinder haben einen siebten Sinn dafür, wenn jemand etwas anderes meint, als er sagt. Diesen Kindern können Sie dann sicher keine Bitte ausschlagen. Lernen Sie deutlich »nein« zu sagen, wenn Sie es auch so meinen!

Spiegelübung

Nehmen Sie einen konkreten Nein-Satz, der Ihnen schwer fällt. Stellen Sie sich Ihre wichtigsten Beweggründe für Ihr Nein vor und schaffen Sie damit eine entsprechende innere Haltung. Nehmen Sie dann die dazu passende Körperhaltung ein und sagen Sie Ihrem Spiegelbild laut und deutlich »nein«. Überprüfen Sie, ob Ihre Körperhaltung, Ihre Stimme und Ihre Aussage miteinander übereinstimmen. Üben Sie gegebenenfalls mit einem Freund oder einer Freundin, bis Ihr »Nein« glaubwürdig ist.

Speziell für die Arbeit zu Hause: Störungen vermeiden

»Papa, kannst du mal eben kommen?« »Haben Sie mal eine Minute Zeit?« Wie oft hören Sie solche Sätze? Meist werden aus der angekündigten Minute 20 oder mehr.

Fragen Sie sich, ob Sie deshalb jederzeit von jedem aus beliebigem Grund auch bei wichtigen Arbeiten unterbrochen werden wollen. Manche Unterbrechungen sind unbedingt notwendig. Vor allem dann, wenn Sie zu Hause arbeiten, damit Sie bei Ihren Kindern sind. Es wird Ihnen also nicht gelingen, sich vollkommen von Ihrer Außenwelt abzuschirmen. Aber darum geht es auch gar nicht. Die notwendigen Dinge sollen nach wie vor zu Ihnen durchdringen, aber die anderen gilt es zu kanalisieren. Ziel ist, die Anzahl und die Dauer der unnötigen Störungen zu reduzieren. Denn: Unterbrechungen aller Art verringern Ihre Produktivität enorm. Die nachfolgende Kurve zeigt, dass gerade häufige Störungen dazu führen, dass Sie kaum Ihre volle Leistungs- und Konzentrationsfähigkeit erreichen.

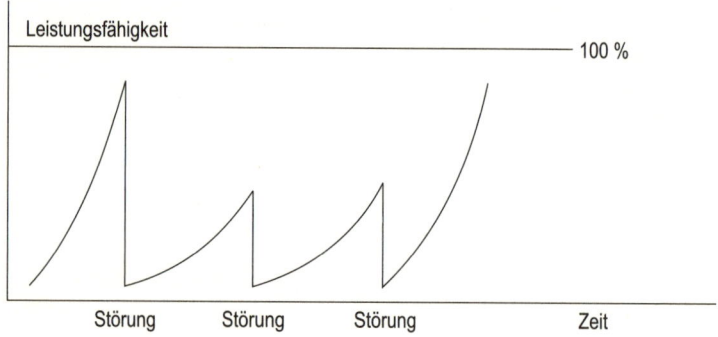

Störungen analysieren

Haben Sie Ihre Störungen schon einmal analysiert? Schreiben Sie dazu auf, wann Sie in letzter Zeit von wem für wie lange unterbrochen wurden, und notieren Sie auch, ob die Störung zu diesem Zeitpunkt wirklich notwendig war. Auf diese Art erhalten Sie einen besseren Überblick, wer und was Sie bei Arbeiten unterbricht, und Sie können gezielter handeln.

Für die Arbeit zu Hause gilt: Sorgen Sie dafür, dass die Kinder gut betreut sind. Machen Sie Ihrer Familie, den Kindern und/oder der Kinderfrau unmissverständlich klar, von wann bis wann Sie auf keinen Fall bei der Arbeit gestört werden wollen. Wenn die Kinder dennoch kommen, fragen Sie sich, mit welcher inneren Haltung Sie selbst sie dazu eingeladen haben. (Siehe auch: »Das eigene ›Nein‹ ernst nehmen«, Seite 135.)

Auch private Anrufe sind oft eine willkommene Ablenkung. Aber wie schnell ist der Vormittag herum und die Arbeit nicht getan! Machen Sie daher Ihren Freunden und Bekannten klar, dass sie während Ihrer Arbeitszeit anrufen, auch wenn Sie zu Hause am Schreibtisch sitzen. Vertagen Sie solche Gespräche zum Beispiel auf abends.

Störungen treten häufig in bestimmten Zeiten auf.

Reservieren Sie sich die Zeiten mit geringer Störhäufigkeit für Aktivitäten, bei denen Sie sich konzentrieren müssen. Schalten Sie in diesen Zeiten Ihren Anrufbeantworter an.

Störungen werden häufig durch die gleichen Personen aus Ihrem Umfeld verursacht.

Sprechen Sie mit diesen Leuten und vereinbaren Sie ein anderes Verfahren. Verabreden Sie regelmäßige Treffen mit Einzelpersonen, bei denen mehrere Dinge gebündelt besprochen werden können.

Unterbrechungen dauern länger als nötig.

Gehen Sie zu den anderen ins Büro. Es ist einfacher zu gehen, als einen Besucher zum Gehen aufzufordern. Wenn jemand zu Ihnen kommt, stehen Sie auf, begrüßen Sie ihn und bleiben Sie stehen. Mit diesem körpersprachlichen Signal machen Sie deutlich, dass es sich um ein kurzes Gespräch handeln soll.

Unordnung nicht nur am Arbeitsplatz

Suchen Sie öfter Ihren Schlüssel? Und kommen Sie vielleicht deswegen auch zu spät? Entdecken Sie manchmal durch Zufall Dinge, die Sie schon lange gesucht haben? Müssen Sie manchmal Papiere und Zeitschriften umstapeln, um an benötigte Informationen heranzukommen? Dann liegt auch hier die Vermutung nahe, dass ein hartnäckiger Zeitdieb am Werk ist und Ihnen wertvolle Stunden raubt.

Wenn Sie ständig etwas suchen, besteht die Gefahr, dass Sie viel Zeit verlieren. Von den Papieren, die uns täglich auf den Schreibtisch flattern, brauchen wir nur einen Bruchteil. Wenn wir der Versuchung erliegen, alles aufzuheben und abzuheften, dann wird die Ablage schnell groß, chaotisch und unübersichtlich und verliert damit ihre Funktionalität. Überlegen Sie genau, was Sie brauchen und was nicht.

Vielleicht entspricht eine exakte Ordnung auch im Haushalt nicht Ihrem Typ. Vielleicht lieben Sie Ihr kreatives Chaos. Bei vielen handelt es sich, wenn sie ehrlich sind, um eine Art Hassliebe. Schaffen Sie sich daher nur so viel Überblick, dass Sie mit Suchen keine Zeit verlieren. Nehmen Sie bei organisatorischen Fragen die Unterstützung von Kollegen oder Ihrem Partner in Anspruch. In einer Partnerschaft ist in der Regel nur einer unordentlich. Lernen Sie voneinander. Auch in Bezug auf übertriebenen Perfektionismus.

Perfektionisten sind weniger produktiv

Perfektionisten arbeiten oft viel zu lange an bestimmten Vorgängen. Sie sind manchmal eine Zumutung für ihre unmittelbare Umgebung. Und sie sind wenig produktiv. Sie verzetteln sich in Banalitäten und verlieren den Blick fürs Wesentliche. Offensichtlich fällt es ihnen schwer, die richtigen Prioritäten zu setzen. Diese Menschen haben meist in ihrer Familie gelernt, dass sie für Genauigkeit, Ordnung und Perfektion anerkannt und geliebt wurden. Daraus hat sich ein innerer Antreiber entwickelt, so etwas wie eine innere Stimme, die sagt: »Mach es perfekt.«

So ein Antreiber ist nur schwer mit Argumenten wegzubringen, vielmehr mit Erfahrungslernen. Schaffen Sie sich kleine Situationen, in denen Sie gar nicht perfekt sein können. Sie könnten spontan Freunde zu einem kleinen Snack einladen, den Sie mit den Dingen gestalten, die sie im Haus haben. Oder Sie können spontan eine kleine Rede vor den Kollegen halten. Sie werden feststellen, dass dies Ihnen oft mehr Anerkennung bringt als perfekt vorbereitete Partys oder Präsentationen.

Für die Balance zwischen Beruf und Familie ist Perfektionismus jedenfalls äußerst hinderlich. Wenn es Ihnen hier nicht gelingt, fünf gerade sein zu lassen, indem Sie im Haushalt, bei Kindergeburtstagen oder Einladungen improvisieren, dann werden Sie bald allein vor Erschöpfung aufgeben.

Mangelnde Delegationsbereitschaft

Wenn Sie nicht mehr schneller und länger arbeiten können, Ihre Arbeitsorganisation bereits gut ist, Sie sich nicht nur von den Erwartungen anderer antreiben lassen, auch gut »nein« sagen können und immer noch Zeitprobleme haben, dann hilft nur noch eins: Geben Sie von Ihrer Arbeit etwas an andere ab. Sehen Sie ein, dass Sie sich nicht um alles persönlich kümmern können.

Natürlich können Sie nicht erwarten, dass eine Aktivität von einem Mitarbeiter genauso schnell und gut ausgeführt wird, wie Sie es von sich selbst gewohnt sind. Geben Sie Ihren Mitarbeitern eine echte Chance. Delegieren Sie rechtzeitig.

Geben Sie alle Informationen weiter und kommunizieren Sie ganz klar Ihre Vorstellung des Ergebnisses. Verzichten Sie darauf, die Methode vorzuschreiben. Das »Was«, nicht das »Wie« ist entscheidend. Beschreiben Sie ruhig Ihre Methode, aber erwarten Sie nicht, dass die Mitarbeiter genauso verfahren.

Vermeiden Sie ständig nachzufragen. Wenn die Arbeit zufrieden stellend erledigt wurde, drücken Sie Ihre Anerkennung aus. Eine klare Rückmeldung hilft den Mitarbeitern sich weiterzuentwickeln.

Das gilt in besonderem Maße für Ihre Kinder. Arbeiten an Kinder zu delegieren fällt manchmal Müttern schwer, die aufgrund ihrer eigenen Berufstätigkeit sich scheinbar schon weniger um die Kinder kümmern. Trauen Sie auch kleinen Kindern schon zu, im Haushalt zu helfen. Verabschieden Sie sich von der Vorstellung, dass nur Sie es richtig machen können. Wichtig ist dabei, langfristig eine innere Haltung zu entwickeln, dass die anderen es recht machen, so, wie sie es tun. Damit geben Sie Ihren Kindern eine Chance zu lernen.

Wenn Sie das nicht tun, entwickeln Sie ein System, das nach der Gesetzmäßigkeit der self-fulfilling prophecy funktioniert. Wenn Sie es darauf anlegen, werden Sie immer tausend Kritikpunkte finden daran, wie die anderen die Aufgaben erledigen. Und dann können Sie natürlich behaupten, so ginge es nicht. Sie haben es selbst in der Hand, ob Sie in die »Ohne mich geht nichts«-Falle laufen wollen.

Den eigenen Leistungsrhythmus beachten

Unsere Leistungsfähigkeit unterliegt bestimmten Schwankungen. Wir sind nicht zu jedem Zeitpunkt gleich konzentrations- und leistungsfähig. Bei den meisten Menschen gibt es ein Leistungshoch am Vormittag, ein Tief am Mittag und ein weiteres Hoch am späten Nachmittag oder frühen Abend. Natürlich sehen die Leistungskurven unterschiedlicher Menschen auch verschieden aus. So haben Morgenmuffel ihr erstes Hoch später als andere Menschen und sie kommen erst am Abend richtig in Schwung. Bei anderen ist das Hoch am Vormittag eindeutig ausgeprägter.

Es ist von Vorteil, seine eigene Leistungskurve zu kennen und wenn möglich den Tagesablauf nach ihr zu richten. Der Standardratschlag ist, die weniger leistungsstarken Zeiten für Sozialkontakte und Routineaufgaben zu nutzen und wichtige Aufgaben in stillen Stunden während eines Leistungshochs zu erledigen. Häufig gibt es zeitliche Sachzwänge, aus denen wir nicht herauskommen. Aber speziell für Freiberufler und Telearbeiter zu Hause, die ihre Zeit flexibel einteilen können, empfehlen wir nachhaltig die Berücksichtigung der Leistungskurve.

Skizzieren Sie Ihre persönliche Leistungskurve. Wenn Sie überhaupt keine Vorstellung davon haben, wie sie verlaufen könnte, dann zeichnen Sie beispielsweise um 10 Uhr ein Hoch, um 15 Uhr ein Tief und um 20 Uhr ein kleineres Hoch ein. Könnte diese Kurve auf Sie zutreffen? Beobachten Sie sich unter diesem Aspekt und nehmen Sie gegebenenfalls Korrekturen vor.

Legen Sie Pausen ein! Es gibt noch eine weitere Kurve, deren Verlauf Sie kennen sollten. Sie beschreibt, wie sich die Konzentrationsfähigkeit bei anstrengenden Arbeiten verändert. Sie sieht ungefähr so aus:

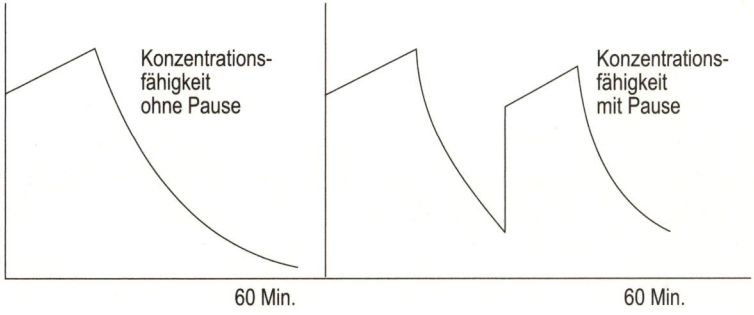

Konzentrations-
fähigkeit
ohne Pause

Konzentrations-
fähigkeit
mit Pause

60 Min.   60 Min.

Die beiden Kurven sprechen eine eindeutige Sprache. Gönnen Sie sich zwischendurch eine Pause. Selbst fünf Minuten genügen, um wieder konzentrierter ans Werk zu gehen.

Goldene Regeln

- Machen Sie sich Ihre beruflichen und privaten Ziele bewusst.
- Lernen Sie Ihre inneren Werte kennen.
- Tun Sie regelmäßig etwas für Körper, Geist und Seele.
- Planen Sie Aktivitäten, die Sie Ihren Zielen näher bringen.
- Konzentrieren Sie sich auf Ergebnisse, nicht auf Aktivitäten.
- Finden Sie erst Termine für Ihre Prioritäten und dann Prioritäten für Ihre Termine.
- Verwenden Sie Kodes für Prioritäten, die den Unterschied zwischen Wichtigem und Dringendem deutlich machen.
- Lernen Sie »nein« zu sagen. Üben Sie vor dem Spiegel.
- Verschaffen Sie sich regelmäßig Überblick.
- Bilden Sie Arbeitsblöcke, in denen Sie ähnliche Tätigkeiten zusammenfassen.
- Verplanen Sie nicht mehr 60 Prozent Ihrer Arbeitszeit, damit Sie flexibel auf Chancen reagieren können.
- Tragen Sie alle privaten Vorhaben als Termin in den Kalender ein.
- Nehmen Sie sich Zeit zum Träumen, zum Entspannen und zum Leben.

So sichern Sie ein gelingendes Selbst- und Zeitmanagement

Sie werden beim Lesen dieses Kapitels bemerkt haben, dass Sie nur Teile davon umsetzen können. Verstehen Sie das Ganze als Angebot auf einem Marktplatz. Suchen Sie sich das heraus, was Ihnen am besten schmeckt, und tragen Sie es nach Hause. Das kann ein Korb voll schöner Sachen sein, das kann auch nur eine große Melone sein. Wenn Sie das Kapitel durchgearbeitet haben, beantworten Sie schriftlich folgende Fragen und tauschen Sie sich mit dem Partner darüber aus.

- Was werden Sie ab heute anders machen?
- Mit welchem Schritt werden Sie am Montag anfangen?
- Erstellen Sie einen 5-Punkte-Plan, in den Sie notieren, was Sie längerfristig wie und ab wann ändern wollen.
- Schreiben Sie einen Brief an sich selbst (siehe unten), stecken Sie ihn in einen Umschlag und versehen Sie ihn mit dem Datum, an dem Sie der Brief erreichen soll. Erinnern Sie sich in Ihrem Brief daran, welche Veränderungen Sie geplant hatten (zum Beispiel den 5-Punkte-Plan).
- Welche Personen haben Einfluss auf Ihre Zeitgestaltung? Wie machen Sie ihnen Ihr verändertes Zeitbewusstsein klar?
- Was müssten Sie tun, damit alle Vorsätze in spätestens zwei Wochen wieder vergessen sind?
- Und immer, wenn wieder alles zu viel ist und trotzdem noch eine Aufgabe an Sie herangetragen wird, empfehlen wir, sich selbst folgende drei Fragen zu stellen: Warum ich? Warum jetzt? Warum überhaupt?

Ein Brief an mich selbst (Beispiel)

> *Hallo,*
>
> *wie geht es dir? Es sind jetzt drei Monate ver-*
> *gangen, seitdem du dir vorgenommen hattest,*
> *deinen Schreibtisch auszumisten und eine neue*
> *Ordnung einzuführen. Toll, wie viel Energie du*
> *dabei jetzt sparst, wenn du so eine klare Übersicht*
> *hast! Und wie sieht es mit den privaten Terminen*
> *aus? Oje, könnte es sein, dass du sie inzwischen*
> *kaum noch in den Kalender einträgst?*

 **Literaturtipps**

Seiwert, Lothar J.: *Life-Leadership. Sinnvolles Selbstmanagement für ein Leben in Balance,* Frankfurt: Campus 2001
Seiwert, Lothar J. u.a.: *30 Minuten – Zeitmanagement für Chaoten,* Offenbach: GABAL 2000

Weitere Empfehlungen
Dellekönig, Christian: *Der Teilzeit-Manager. Argumente und erprobte Modelle für innovative Arbeitszeitregelungen,* Frankfurt: Campus 1995
Stollreiter, Marc u.a.: *Stress-Management. Das WAAGE-Programm: Mehr Erfolg mit weniger Stress,* Weinheim: Beltz 2000

Seminarempfehlung
»Selbst- und Zeitmanagement«, Tom Nierth bei Neuland & Partner, Marienstr. 1, 36039 Fulda, Tel.: 06 61 / 93 41 40, Internet: www.neuland-partner.de

Zwei, drei, vier oder mehr?

Familienkultur setzt Energien für den Job frei

In den letzten Jahren hat sich die Diskrepanz zwischen der Erwerbsquote bei Frauen und Männern leicht verringert. Zugleich gehen aber in allen europäischen Ländern die Geburtenraten zurück, da immer mehr Frauen zugunsten ihres Joberfolgs auf Nachwuchs verzichten. Der Bericht *Beschäftigung in Europa 2000** macht aber auch deutlich, dass es in der Tat noch eine »gläserne Decke« gibt, an die Frauen auf ihrem beruflichen Weg stoßen. Sie sind aus verschiedenen Gründen in ihren beruflichen Entwicklungsmöglichkeiten eingeschränkt und werden nicht im gleichen Umfang wie Männer mit Führungsaufgaben und der Übernahme von Verantwortung betraut.

Ein Drittel aller erwerbstätigen Frauen in Europa ist teilzeitbeschäftigt und die Mehrheit von ihnen konzentriert sich nach wie vor auf wenige Wirtschaftszweige wie Sozialberufe und Ge-

---

* Commission of the European Communities (Hrsg.): *Beschäftigung in Europa 2000*, Brüssel 2001

sundheitswesen. Und Frauen werden schlechter bezahlt: Sie erhalten im Durchschnitt nur gut 80 Prozent der Stundenlöhne der Männer.

Kinder – so der Bericht der europäischen Kommission – tragen zur Vergrößerung der Kluft zwischen den Geschlechtern bei. Denn was liegt näher, dass trotz aller Lippenbekenntnisse von aktiver Vaterschaft derjenige Partner eine längere Erziehungspause antritt, der über das geringere Einkommen verfügt? In der Regel sind das – siehe oben – immer noch die Frauen. Da solche Unterbrechungen und die Reduzierung der Arbeitszeit noch als »Karrierekiller« gelten, wird Vätern der teilweise oder kurzzeitige Ausstieg erst recht erschwert. Die Gesellschaftsfähigkeit von Hausmännern und Halbtagsvätern steckt bei uns noch in den Kinderschuhen, auch wenn die Väterkampagne der Bundesregierung 2001 hierfür kräftig wirbt.

Dennoch ist es für viele Paare nach wie vor klar, dass sie mindestens zwei Kinder wollen, und die in relativ überschaubarem Zeitabstand. Zahlreiche Frauen arbeiten zwischen den beiden Kindern nicht oder nur reduziert und stellen sich auf eine Erwerbspause von vier bis sechs Jahren ein. Sie haben den Vorteil, dass sie sich mit Muße den Kleinkindern und ihrer Entwicklung widmen können und auch den Veränderungen, die in der Partnerschaft und Familie vor sich gehen. Sie können so eine Auszeit auch dafür nutzen, mit Abstand über ihren Job nachzudenken und darüber, ob und welche berufliche Veränderung erstrebenswert für sie ist. Die Berufspause könnte auch als Gelegenheit für den Sprung in die Selbstständigkeit erlebt werden.

Ungleich schwieriger gestaltet sich nach längerer Auszeit für Mütter und Väter die Wiederaufnahme der Erwerbstätigkeit. Mit Sicherheit sind sie hoch motiviert, brauchen aber einen längeren Anlauf – vielleicht auch mehrere –, damit die Umstellung klappt. Stöbern Sie bei Bedarf dazu noch einmal im Kapitel »Der Wiedereinstieg in den Beruf nach der Elternzeit«, Seite

69 ff., vielleicht auch im Kapitel »Das Selbst- und Zeitmanagement für berufstätige Eltern«, Seite 85 ff.

Deutlich zeichnet sich jedoch bei jungen, qualifizierten Paaren ein anderer Trend ab: Trotz der gesetzlich festgeschriebenen Möglichkeit, drei Jahre pro Kind zu pausieren, wird die tatsächlich beanspruchte Erziehungszeit kürzer. Nicht nach Jahren, sondern nach einigen Monaten nehmen inzwischen viele Frauen ihren Job wieder auf, da sie weder finanzielle Einbußen noch relevante Karriereeinschnitte hinnehmen wollen. Zugleich erleben sich Väter zunehmend wichtig in ihrer sozialen Rolle. Sie beschreiben ihr »Männerleben« zunehmend als »halbiertes Leben«, wie die Studie *Männer im Aufbruch* aus dem Jahr 1998 zeigt, und streben nach einer Neubewertung des Berufs und einer Ausweitung der Lebensinteressen.* 72 Prozent der deutschen Fach- und Führungskräfte wünschen eine Flexibilisierung ihrer Arbeitszeit zugunsten von Privat- und Familienleben.

Berufstätige Eltern verfügen über vielfältige Potenziale

Solche Doppelkarriere-Paare haben in der Regel die Betreuung ihres ersten Kindes relativ zügig gut organisiert und das Berufs- und Familienleben mit Kind hat sich im Laufe der Zeit eingespielt, ohne dass die partnerschaftliche Rollenstruktur aufgebrochen wurde. Das ist häufig der Fall bei Paaren, die beide etwas reduziert arbeiten und sich die Familienarbeit aufteilen. Sie haben in der Regel ein ähnliches Einkommen und wollen auf ihren Wohlstand nicht mehr verzichten. Auch die Frauen haben berufliche Perspektiven, und diese »nicht nur

---

*Paul M. Zulehner und Rainer Volz: *Männer im Aufbruch. Wie Deutschlands Männer sich selbst und wie Frauen sie sehen*, Ostfildern: Schwabenverlag 1998

an der Peripherie von Macht, Geld und Gestaltung«, schreibt das Ehepaar Clement in seinem Aufsatz über »Doppelkarrieren« in der Zeitschrift *Familiendynamik*.* Während die meisten berufstätigen Mütter in den 60er- oder 70er-Jahren lediglich »hinzuverdienen« wollten, folgen sie jetzt konsequent ihren beruflichen und persönlichen Ambitionen.

Für Doppelkarriere-Paare ist nicht Geld das Wichtigste, sondern immaterielle Werte. Eine Studie aus den 90er-Jahren macht deutlich, dass eine hohe Selbstachtung und die gegenseitige Anerkennung durch den Partner zu den wesentlichen Zielen von berufstätigen Eltern gehören. Für sie ist es wichtig, ein ausgewogenes Kräftegleichgewicht zu erhalten, das den Zusammenhalt des Paares stärkt. Das bedeutet, dass für diese Paare trotz hoher zeitlicher Beanspruchung die Qualität der Partnerschaft wächst. In dem Maße, in dem sich beide Partner als Einzelperson selbst als wertvoll und autonom betrachten, wird die Bindung gestärkt. Die Arbeit wird so als ein Wert an sich und nicht als Mittel zu einem materiellen Zweck interpretiert. Nicht der Erfolg steht im Mittelpunkt, sondern die individuelle Lebensqualität.

»Doppelkarrierebeziehungen sind Selbstverwirklichung, die sich äußert als Stolz, als Identität, als Bewusstsein eines engagierten Lebens, als Überzeugung, etwas besonders Wertvolles zu leben ...«, schreiben Clement und Clement. Diese Paarbeziehungen verstehen sich selbst als Ziel und gleichzeitig als Quelle: Die Familie ist Quelle seelischer Kraft, die notwendigen psychischen Ressourcen für die Kinder und den Partner schafft der Beruf. In der Tendenz wird der dabei zwangsläufig entstehende Stress eher als Herausforderung erlebt denn als Bedrohung.

---

* Ute und Ulrich Clement: »Doppelkarrieren. Familien- und Berufsorganisation von Dual Career Couples«, in: *Familiendynamik*, 3/2001

Kinder als Karrierehindernis oder als Lebenssinn?

Kinder können Karrierehindernis sein oder als sinnstiftend erlebt werden. Das ist abhängig von der Art und Weise, wie die Schnittstellen zwischen Beruf und Familie gestaltet sind.

Jemand kann die beruflichen Anforderungen als entfremdend gegenüber der Familie oder als selbstwertfördernd ansehen. Ob das Glas halb voll oder halb leer scheint, hängt offenbar von der Organisation der Übergänge zwischen beiden Bereichen ab. Genauso wenig, wie ein Mensch seine persönlichen Gefühle wirklich am Mantelhaken vor dem Büro aufhängen und damit aus dem Job ausschließen kann, genauso wenig kann man die Müdigkeit oder den Stress aus dem Job abends vor der Haustür abstreifen.

Gerade weil die Arbeit eine so große innere und äußere Bedeutung erhält, ist es erforderlich, dass sie durch eine spezifisch ausgeprägte Familienkultur eingebunden wird. Mehr als in den eher traditionell orientierten Ehen kann eine solche individuelle Kultur das Zugehörigkeitsgefühl stärken und so die Familie aufwerten. Das geschieht zunächst ganz von selbst – spätestens, wenn weitere Kinder geboren werden. Sie können diesen Prozess aber auch bewusst gestalten und damit Einfluss auf das »Wie« nehmen.

Beim zweiten Kind wird alles anders ...

Das zweite und weitere Kinder werden in der Regel in eine weitaus größere Verhaltenssicherheit der Eltern hineingeboren. Die Eltern sind veränderungserfahren und oft stressresistenter. Von der relativen Unaufgeregtheit im Vergleich zum ersten Kind profitieren die »Minis« in der Regel, indem sie selbst häufig ruhiger und selbstbewusster sind.

Wir können mit Fug und Recht behaupten, dass ein weiteres Kind in der Regel nicht die Verdoppelung von Aufmerksamkeit und Zuwendung bedeutet. Dennoch wachsen speziell bei der Berufstätigkeit der Eltern mit einem zweiten oder weiteren Kind die Komplexität der Aufgaben und die Vielfalt der möglichen Störungen: Jeweils zwei Tagesmütter oder Kinder können erkranken. Zwei Kinder sind an zwei verschiedene Orte zu bringen und wieder abzuholen. Zwei Kids brauchen Klamotten und Spielzeug, besuchen Freunde, haben Arzttermine, Klavierunterricht und feiern Kindergeburtstag. Das Ganze mal drei oder vier bedarf einer ausgeklügelten Logistik und möglichst eines 48-Stunden-Tages.

Vielleicht gerade deswegen – das zeigen Untersuchungen – schleichen sich in den meisten Ehen ab dem zweiten Kind trotz zuvor praktizierter partnerschaftlicher Arbeitsteilung traditionelle Rollenstrukturen ein und verfestigen sich. Können diese Paare doch nicht – anders als die eher komplementär organisierten, weitgehend traditionellen Ehen – auf bereitliegende Lösungsmuster zurückgreifen, sondern müssen ihr Leben mit Kind oder Kindern kreativ und flexibel selbst immer wieder neu gestalten. Die Lust und die Kraft zur Gestaltung dazu gehen Paaren mit mehreren Kindern auch mal aus. Da hilft dann der Griff in den Rucksack mit altbekannten Mustern aus der eigenen Familie. Plötzlich ist es wieder *sie*, die immer kocht, und *er*, der die kleinen Dinge repariert.

Oft sind dies jedoch Automatismen, die es zu überprüfen gilt. Setzen Sie sich bewusst damit auseinander, dafür ist es nie zu spät. Manchmal nimmt man zunächst unausgesprochene Erwartungen des Partners an und denkt sich: Das ist nur für den Übergang, da es jetzt nicht anders geht. Also bügelt sie seine Hemden mit oder räumt sein Zimmer auf. Also tankt er das Auto voll und überprüft den Ölstand. Was sich so stillschweigend eingeschlichen hat, kann aber auf Dauer zum lauten Konflikt führen, dem regelmäßige Nörgeleien vorangehen: »Du kümmerst dich auch nie ums Auto!«, oder: »Wieso muss ich immer deine Sachen aufräumen?«

Stillschweigende Übereinkunft
oder Absprache?

Fragen Sie sich, ob Sie diese Muster wirklich beibehalten wollen, weil sie günstig sind. Oder hat sich das eine oder andere nur eingeschliffen, weil Sie kein anderes kennen? Was macht Sie unzufrieden? Worin liegt Konfliktpotenzial? Gehen Sie bei Ihren Überlegungen davon aus, ob Sie sich mit diesen Verhaltens- und Rollenmustern die nächsten zehn Jahre anfreunden können.

Befragungen zeigen, dass gerade voll berufstätige Mütter dazu neigen, besonders viel von der als typisch weiblich angesehenen Hausarbeit zu übernehmen, um damit ihrem Frausein Geltung zu verschaffen. Umgekehrt wollen die dazugehörigen Teilzeitväter nicht gerne beim Bügeln, Putzen und Kochen beobachtet werden, da sie ihre Männlichkeit damit zusätzlich in Frage stellen.

Menschen sind lernende Wesen, die ihre Welt aktiv gestalten können

Sie sind Herr über das, was Sie die nächsten zehn Jahre tun oder lassen, und nicht eine Konvention oder eine unausgesprochene Übereinkunft. Stillschweigend angenommene »Abmachungen« werden leicht zum Energiefresser. Man ärgert sich darüber, dass man immer wieder Aufgaben übernimmt, die man nicht wollte. Diese innere Abwehr kostet Sie viel Kraft und wird gerade von berufstätigen Eltern woanders gebraucht. Sprechen Sie die Dinge mit ihrem Partner an. Und vermeiden Sie dadurch verschleppte Konflikte.

Dabei kann selbstverständlich auch herauskommen, dass er sich weiterhin um den Ölwechsel kümmert und sie bügelt. Schließlich kann es energiesparend sein, dass jeder in einer Partnerschaft das tut, was er gut kann.

Familienkultur aktiv gestalten

Wenn Sie bewusst und regelmäßig die Verhaltensmuster in Familie und Partnerschaft beobachten und Vereinbarungen darüber treffen, wie Sie sie gerne hätten, dann gestalten Sie aktiv Ihre eigene Familienkultur, anstatt sie dem Sog der alltäglichen Notwendigkeiten und unausgesprochenen Erwartungen zu überlassen.

Nehmen Sie Einfluss auf das Familienleben und schaffen Sie sich nach Ihren Vorstellungen aus neuen Regeln, Gewohnheiten und Ritualen eine eigene Familienkultur, die Ihren »Laden« zusammenhält. Wenn dabei alle Familienmitglieder mit ihren Fähigkeiten und Wünschen einbezogen werden, wird diese Kultur der Boden sein, auf dem sich die täglichen Aufgaben zwischen Kind, Küche und Karriere auf befriedigende Weise bewältigen lassen.

Power-Paar-Übung

Reflexion über die Familienkultur

Eine Familienkultur besteht aus einer Vielzahl von bestimmten Gewohnheiten, Regeln und Ritualen, die wie ungeschriebene Gesetze das Leben in der Familie auf eine bestimmte Art und Weise prägen.

1. Setzen Sie sich als Paar einmal zusammen und sammeln Sie – zunächst wieder jeder für sich – die Gewohnheiten und Muster, die Sie von Ihrem eigenen Zuhause kennen.

- Wie und was wurde gemeinsam gespielt?
- Welche Regeln galten für gemeinsame Mahlzeiten?

- Wie wurden Feste gefeiert und welche Bedeutung hatten sie?
- Durfte man diese Gewohnheiten und Regeln durchbrechen?
2. Tauschen Sie sich darüber aus, welche Erinnerungen dazu kommen und welche Gefühle sie bei Ihnen auslösen.
3. Überlegen Sie gemeinsam, was Sie beibehalten oder übernehmen wollen und was auf keinen Fall.

»Auch als meine Mutter schon lange für sich alleine keinen Weihnachtsbaum mehr aufgestellt hatte, bestanden wir Kinder auch als Erwachsene auf diesem Ritual, wenn wir sie zu Weihnachten besuchten. Der Lichterbaum löste immer noch Gefühle von Gemütlichkeit und Zusammengehörigkeit aus.«

Bei anderen Menschen lösen Weihnachtslieder und Kerzengeruch eine Gänsehaut aus, weil für sie diese Rituale mit der Vorstellung von »unter den Teppich gekehrten Konflikten« oder auch nur Missstimmung verbunden sind: »Wenn ich an Weihnachten denke, bekomme ich ein flaues Gefühl im Magen, denn ich sehe hinter den Feiertagsgesichtern immer den heruntergewürgten Streit.«

Die Schattenseiten von verlogenen Ritualen und die Vorstellung vom »ewig Gleichen« erzeugen auch Ablehnung. Als Kinder wussten wir oft nicht, was dahinter versteckt wurde, aber wir haben die negativen Emotionen hinter dem Lichterglanz gespürt.

Das Energiesparmodell: Regeln und Rituale

Warum führen wir dann doch manchmal die gleichen Rituale und Regeln wieder ein? Dahinter verbirgt sich oft die Sehnsucht nach Sicherheit und Geborgenheit, die sie ebenfalls vermitteln.

Gerade in Familien, in denen traditionelle Muster kaum Geltung haben, da beide Eltern arbeiten, sind eigene Regeln des Zusammenlebens wichtig. Kinder brauchen das für ihre innere Ruhe und Sicherheit. Der ganzen Familie geben sie Halt und Gemeinschaftsgefühle und sie sind äußerst energiesparend. Sie strukturieren die wenige gemeinsame Zeit vor, die zusammen verbracht wird, und sorgen dafür, dass die Familienmitglieder zusammenkommen. Wenn Sie es schaffen, diese Gewohnheiten positiv zu besetzen, können Sie frühzeitig Formen des »Jeder wurstelt vor sich hin« entgegenwirken. Letzteres mag zwar bei Familien mit größeren Kindern an manchen Tagen die passende Form sein, auf Dauer besteht dabei aber die Gefahr, dass die Familienmitglieder nichts mehr voneinander mitbekommen.

Welches sind nun solche Regeln und Rituale, die die Familie zusammenbringen? Überlegen Sie selbst, was für Ihre Familie unter den oben genannten Aspekten wichtig ist.

Die gemeinsame tägliche Mahlzeit

Oft ist es nur das Frühstück, das alle zusammen einnehmen können. Auch wenn Sie dafür zehn Minuten früher aufstehen müssen: Ein verschlafen, aber gemeinsam eingenommenes Müsli gibt ganz andere seelische Kraft für den Tag als eine einsam heruntergeschlürfte Tasse Kakao: »Wir Kinder haben – soweit ich mich zurückerinnere – in der Woche immer alleine gefrühstückt. Es war zwar alles gerichtet, aber es war vor allem im Winter eine einsame Angelegenheit.«

Das Sonntagsfrühstück

Einmal in der Woche sollten Sie sich die Zeit für eine ausgiebige gemeinsame Mahlzeit gönnen. Wenn die Kinder größer sind, bleibt dafür meist nur noch das Sonntagsfrühstück. Zwingen Sie Ihre pubertierenden Kinder nicht um jeden Preis dazu, zum Beispiel sonntags mittags oder samstags abends zu Hause zu sein. Nur wenn eine gewisse Freiwilligkeit gewahrt bleibt, gelingen solche Mahlzeiten und werden zum Forum für einen ungezwungenen Austausch über anstehende Fragen und vielleicht auch Probleme. Schon die ganz Kleinen lernen hier, dass bei Tisch jeder mal was von sich erzählt. Wenn Sie Moralpredigten zu halten haben, tun Sie das bei anderer Gelegenheit. Wenn das gemeinsame Mahl für die anstehenden Zurechtweisungen genutzt wird, werden sich die Kinder dem bald entziehen.

Der Sonntagsspaziergang

Gemeinsame Unternehmungen am Wochenende sollten auch mit größeren Kindern weitergeführt werden. Wenn die Kleinen mit acht oder neun Jahren anfangen zu maulen, entfällt in vielen Familien der Sonntagsspaziergang. Wenn Sie aber kreativ auf die Wünsche der Kinder eingehen, vielleicht Freunde mitnehmen, in Gummistiefeln über die Felder wandern oder einen Drachen dabei steigen lassen, können alle viel Freude haben. Sanfter Druck ist zulässig, weil die Kinder meistens hinterher doch Spaß daran finden.

Diese Anregungen sehen zunächst einmal so aus, als ob sie ein Mehr an Aufwand bedeuteten, und Sie fragen sich vielleicht, woher Sie die Kraft oder die Zeit bei aller Überlastung zwischen Familie und Beruf nehmen sollen. Vielleicht wollen Sie oft einfach Ihre Ruhe haben und sind froh, wenn auch die Kinder nichts von Ihnen wollen. Sie werden jedoch sehen, dass sich diese kleinen Investitionen langfristig auszahlen und Ihren Energiehaushalt deutlich entlasten.

Wie kann das gehen? In der Regel erfahren Eltern von ihren Kindern auf die Frage »Wie war es in der Schule?« kaum etwas. Erst wenn sie eine ruhige Stunde mit dem Kind haben und in einer entspannten Atmosphäre etwas gemeinsam tun, rücken die Sprösslinge mit wesentlichen Informationen und auch Kümmernissen heraus.

So bleiben Sie mit Ihren Kindern in Kontakt und können rechtzeitig Einfluss auf ihre Entwicklung nehmen. Das kann auch mit einzelnen Kindern passieren. Selbst wenn Ihnen beispielsweise Fußball nicht liegt, so könnte die gemeinsame Fahrt zu einem Turnier Sie Ihrem Sohn näher bringen.

Sicher teilen die Kinder Ihnen in solchen Situationen so manche Unzufriedenheit mit Ihrem Verhalten mit. Sie erfahren auf diese Weise etwas über sich selbst als Eltern. Darauf können Sie reagieren – nicht aber auf den kommentarlosen Rückzug einer Elfjährigen.

Und Sie hören etwas über die Freunde Ihrer Kinder. Das ist gerade in der Pubertät wichtig, wo es stark von den so genannten Peergroups der Heranwachsenden abhängt, welchen weiteren Weg sie gehen werden.

Solche Auszeiten oder Rituale dienen also auch der Vorbeugung größerer Schwierigkeiten in der Schule und unterstützen bei der Konfliktprophylaxe.

Familienzeit nicht als »Restzeit« ansehen

Solche Familienaktivitäten jenseits von alltäglichen Pflichten laufen oft Gefahr, aufgeschoben zu werden, bis sie irgendwann gar nicht mehr stattfinden. Anders als berufliche Termine oder Verabredungen mit Freunden oder auch Unternehmungen wie ein Theaterbesuch werden diese als nicht so wichtig und dringend wahrgenommen, weil die Gelegenheit dazu ja tatsächlich wiederkehrt und man sich auch »morgen noch« dazu entscheiden kann. Familienzeit wird als »Restzeit« angesehen, als das, was die »gefräßige Arbeitszeit übrig lässt« (Clement und Clement).

Vordergründig erscheint es leichter, Kinder und Partner zu vertrösten, als anstehende und drängend erscheinende Probleme oder Projekte mit Termindruck zu erledigen. Wenn die Mutter nicht jetzt mit dem Kind spielt, kann sie es ja immer noch am Wochenende tun, aber das Angebot, das nicht geschrieben ist, wird sofort vom Chef angemahnt.

Langfristig können aus diesem »Verschiebebahnhof« schwerwiegende Probleme erwachsen, deren Zusammenhang mit ihrem eigenen Verhalten für manche Eltern nicht gleich erkennbar ist: Das Kind schreibt Fünfer in der Schule, und es bedarf eines größeren Aufwandes, die Lücken auszugleichen. Ein anderes Kind will plötzlich nicht mehr in den Kindergarten und macht jeden Morgen Theater. Ein drittes Kind kann abends nicht mehr einschlafen und raubt den Eltern regelmäßig die abendliche Entspannungszeit.

»Nachdem ich nach einem blauen Brief unzählige Nachmittage mit meinem elfjährigen Sohn Mathe und Englisch gepaukt hatte, gestand er mir, dass er es eigentlich sehr genoss, dass ich nun so viel Zeit aufwandte und mit ihm lernte.«

Die Rettung aus diesem Dilemma zwischen dem subjektiv empfundenen Zeitdruck und dem schlechten Gewissen ist einfach: Gehen Sie mit der Familienzeit um wie mit der Arbeitszeit. Machen Sie Ihre Familie zu einem Projekt. Das heißt in der Konsequenz: Tragen Sie alle Familienaktivitäten – auch die regelmäßig vereinbarten wie »Sonntagsfrühstück« oder »Joggen mit dem Partner« – in Ihren Terminkalender ein. Falls Sie diese Termine nicht einhalten können, vereinbaren Sie verbindlich neue!

Familienkultur in Patchworkfamilien: einheitliche Regeln und genügend Gewöhnungszeit

Fast jede sechste Familie in Deutschland ist eine Patchworkfamilie, in der mehrere Kinder aus vorangegangenen Beziehungen und eventuell noch Kinder aus der neuen Partnerschaft zusammenleben. Nicht jede Stiefmutter ist wie im Märchen böse. Dennoch müssen sich Stiefeltern in der Regel Sätze anhören wie »Du bist nicht mein Papi« oder »Du hast mir gar nichts zu sagen«.

Solch eine Lebenssituation gerät für berufstätige Paare leicht zu einer zusätzlichen psychischen Belastung, die wertvolle Energien bindet. Über das hinaus, was für alle Familien an Familienkultur-Regeln gilt, sollten Sie in der Umstellungszeit einige so genannte Mix-Regeln beachten. Sie werden dabei zahlreiche Vorteile entdecken: Zusammengewürfelte Familien haben auch ihre guten Seiten. Psychologen haben festgestellt, dass Kinder aus Patchworkfamilien häufig über mehr soziale Kompetenz verfügen. Von den »neuen« Eltern, die beide eine Trennung überstanden haben, lernen sie Konflikte auszutragen und Kompromisse zu schließen.

Es liegt vor allem an den Erwachsenen, damit das Projekt »Familienmix« gelingt: Lassen Sie den Kindern zunächst genügend Zeit, bevor Sie mit einem neuen Partner zusammenziehen. Erzieher und Lehrer sollten vorab über die neue Familienkonstellation informiert werden, denn Kinder haben oft ein Problem damit.

Untersuchungen zeigen, dass Scheidungskinder sehr gut mit der Trennungssituation klarkommen, wenn die leiblichen Eltern in Kontakt bleiben und sich gegenseitig mit Respekt begegnen. Der Expartner spielt im Leben des Kindes eine wichtige Rolle, daher darf er in der neuen Familie nicht als Konkurrent betrachtet werden.

Wenn die Kinder zwischen Elternhäusern pendeln, müssen sich die leiblichen Eltern möglichst in den wichtigsten Regeln absprechen, um die Kinder nicht zu verwirren. Es besteht sonst auch die Gefahr, dass sie Mama und Papa gegeneinander ausspielen.

Für den Aufbau einer Beziehung zum neuen Elternteil sollte genügend Raum ohne Mutter und Vater zur Verfügung stehen. Nur so kann Vertrauen entstehen und eine eigenständige Beziehung wachsen. Dennoch spielen beim Erziehungsstil die leiblichen Eltern die wichtigste Rolle. Vorschläge oder Anregungen können natürlich auch vom neuen Partner kommen – zumindest unter vier Augen.*

Zusammenfassung: Über Familienkultur zur Work-Life-Balance

So tragen Sie zum Misslingen bei	So tragen Sie zum Gelingen bei
Den Familienalltag sich selbst überlassen	Aktiv für die Gestaltung der Familienkultur sorgen
Das Familienleben auf später verschieben	Das Familienleben im Hier und Jetzt stattfinden lassen
Familienzeit als »Restzeit« betrachten	Familienzeit verbindlich planen und gestalten
Die Kinder als anstrengend und energieraubend empfinden	Kinder als sinnstiftend und als Bereicherung erleben
Die Partnerschaft als belastende Zusatzverpflichtung sehen	Den Partner/die Partnerin als Unterstützung und Begleitung in wichtigen Lebensdingen erleben

Weiterführende Literatur:
Hans Dusolt (Hrsg.): *Schritt für Schritt. Ein Leitfaden zur Gestaltung des Zusammenlebens in Stieffamilien*, München: Profil 2000

Die Familie als Projekt von Eltern und Kindern

Motivation erhalten und Demotivierung verhindern

Berufstätige Eltern sind darauf angewiesen, dass die Kinder bei lästigen Aufgaben mithelfen und zumindest die Verantwortung für die kleinen eigenen Dinge übernehmen. Eltern, die wenig Zeit zu Hause mit ihren Kindern verbringen können, wollen nur ungern dann noch ausführlich Hausaufgaben kontrollieren, Vokabeln einpauken und Kinderzimmer aufräumen. Aber eine »heimliche Macht« hält die Kinder in Unselbstständigkeit. Und es kostet viele Eltern anstrengende Überredungskunst, sie zu motivieren.

Wir sagen: Kinder sind von Natur aus für viele Dinge von selbst motiviert. Es kommt eher darauf an, sie nicht zu demotivieren. Spätestens im Alter von zwei Jahren zeigt sich bei jedem Kind in vielen kleinen und großen Dingen die eindeutige Tendenz zum »Ich kann's allein«. Ob es Knöpfe zumachen, Zähne putzen oder Schuhe binden ist, der natürliche Drang nach Selbstständigkeit und eine selbstverständliche Neugier treiben auch später größere Kinder dazu, vieles selbst zu tun und auszuprobieren – und das in der Regel zu einem Zeitpunkt, zu dem sie es auch können oder kurz davor sind. Wenn man sie lässt, machen sie viele Dinge sehr schnell selbst – allerdings auf *ihre* Weise. Das wirkt auf Erwachsene am Anfang vielleicht etwas »schräg«, den Kindern macht es aber Freude.

Der »Pippi-Langstrumpf-Effekt«

Genau das macht für Kinder die Faszination von Pippi Langstrumpf aus: Sie ist zwar ein Kind, kann aber kochen, putzen und sich selbst sagen, wann sie abends ins Bett muss. Furchtlos macht sie die Welt zur Spielwiese: Wenn sie den Boden schrubbt, gibt es eine Überschwemmung. Wenn sie mit der Badebürste Eierkuchenteig schlägt, werden die Wände voll gespritzt. Die selbst organisierte Arbeit ist immer auch mit Spaß verbunden – und genau deshalb ist sie letztlich von Erfolg gekrönt: Ihre Freunde Annika und Thomas bekommen einen leckeren Eierkuchen vorgesetzt.

Klar wollen Erwachsene keine Teigspritzer an der Küchenwand. Dennoch: Viele Eltern neigen aus falsch verstandener Fürsorge dazu, die Selbstständigkeit ihrer Kinder und ihre Fähigkeit zu eigenen Lösungen mit Warnungen, Zuschreibungen und Verboten zu bremsen. Fast jeder kennt aus seiner Kindheit diese Sätze, die einem im Hinterkopf herumspuken, wenn es um eine Herausforderung geht: »Das kannst du nicht«, »Dafür bist du noch zu klein«, »Das verstehst du nicht«, »Lass das, sonst tust du dir weh!«. Schnell macht sich bei den Sprösslingen dann ein Gefühl der Frustration breit, das sich mit folgendem Schülerspruch beschreiben lässt: »Da hat man Laufen und Sprechen gelernt und dann heißt es: ›Maul halten‹ und ›Still sitzen!‹«

Keine Frage: Eltern sind verantwortlich für ihre Kinder und müssen selbstverständlich Sorge für ihr Wohlergehen tragen. Sie sollten jedoch überprüfen, inwieweit sie nicht stereotyp Sätze wiederholen, die sie selbst in ihrer Kindheit ständig eingeschränkt haben.

Erinnern Sie sich selbst einmal, welche Sätze Sie als Kind regelmäßig gehört haben. Stellen Sie sich die Situationen dazu vor und überlegen Sie, wie sie gewirkt haben.

Vertrauen Sie Ihrem Kind – oder: »Das merkst du schon!«

Wie Sie die Selbstständigkeit Ihres Kindes fördern und sein Selbstbewusstsein stärken können, können Sie bei Astrid Lindgren nachlesen:* Nachdem die Eltern – beide berufstätige Räuber – beschlossen haben, dass *Ronja Räubertochter* nun allein in den Wald hinausdarf, bereitet Vater Mattis seine Tochter in einem Gespräch darauf vor:

»Hüte dich vor den Wilddruden und den Graugnomen und den Borkaräubern«, sagte er. »Woher soll ich wissen, wer die Wilddruden und die Graugnomen und die Borkaräuber sind?« fragte Ronja. »Das merkst du schon«, antwortete Mattis. »Na, dann«, sagte Ronja. »Und dann hütest du dich davor, dich im Wald zu verirren«, sagte Mattis. »Was tu ich, wenn ich mich im Wald verirre?« fragte Ronja. »Suchst dir den richtigen Pfad«, antwortete Mattis. »Na, dann«, sagte Ronja. »Und dann hütest du dich davor, in den Fluß zu plumpsen«, sagte Mattis. »Und was tue ich, wenn ich in den Fluß plumpse?« fragte Ronja. »Schwimmst«, sagte Mattis. »Na, dann«, sagte Ronja. »Und dann hütest du dich davor, in den Höllenschlund zu fallen«, sagte Mattis. (...) »Und was tu ich, wenn ich in den Höllenschlund falle?« fragte Ronja. »Dann tust du gar nichts mehr.« Antwortete Mattis und stieß ein Gebrüll aus, als säße

---

* Astrid Lindgren: *Ronja Räubertochter*, Hamburg: Oetinger 1982 und *Pippi Langstrumpf*, Hamburg: Oetinger 1979

163

ihm alles Übel der Welt in der Brust. »Dann falle ich eben nicht in den Höllenschlund. Sonst noch was?« »Oh ja«, sagte Mattis. »Aber das merkst du schon selber so allmählich. Geh jetzt!«

Auch Sie haben die Bücher von Astrid Lindgren als Kinder wahrscheinlich geliebt. Das könnte daran liegen, dass Sie sich in Ihren Fähigkeiten ernst genommen gefühlt haben. Vielleicht haben Sie schon vergessen, wovon Räuberhauptmann Mattis überzeugt ist: Kinder wissen schon, wo man noch schwimmen kann und wovon man sich besser fern hält.

Übertragen auf die wirkliche Welt, lesen Sie hier einige Sätze zum Thema »Motivation«. Entscheiden Sie selbst!

So können Sie Ihr Kind bremsen und entmutigen	So können Sie Ihr Kind ermutigen und motivieren
Drohen: »Wenn du dein Zimmer nicht aufräumst, kannst du mir mit deiner Party gestohlen bleiben.«	»Für die Ordnung in deinem Zimmer bist du allein verantwortlich.«
Vorwürfe: »Sprich nicht so laut. Was erzählst du für wirres Zeug?«	»Wenn du so laut sprichst, werde ich ganz nervös. Ich habe nicht genau verstanden, was du meinst. Erklär es mir noch mal.«
Besserwissen: »Wenn du in der Schule aufpassen würdest, müsstest du zu Hause nicht so viel lernen.«	»Wie könntest du es machen, dass du zu Hause nachmittags weniger lang lernen musst?«
Ausfragen: »Erzähl doch mal von deinen Freunden. Warum muss ich dir jedes Wort aus der Nase ziehen?«	»Wenn du grad keine Lust hast, über die Freunde zu erzählen, vielleicht ein anderes Mal.«
Verallgemeinerungen: »Nie räumt ihr auf! Immer muss ich alles alleine machen! Nie hört mir einer zu!«	»Räum doch bitte diese Unordnung auf! Ich brauche jetzt deine Hilfe! Hör mir bitte kurz zu!«

Kinder an den Aufgaben in der Familie beteiligen

Zu einer Familienkultur, die das Berufsleben auf eine gesunde Art unterstützt, gehört die Beteiligung der Kinder. Wenn die Kinder ernst genommen werden als Mitglieder einer Familie, die gemeinsam ein angenehmes Zusammenleben gestalten, machen sie auch mit. Ihre Eigenmotivation für das gemeinsame Tun kann durch die Eltern aktiv unterstützt werden, indem sie den Sprösslingen frühzeitig Stück für Stück Verantwortung geben und sie mitreden lassen. Mitmachen bedeutet bei den Kleinen, dass sie morgens selber ohne ständiges Zureden die Zähne putzen und sich selbst anziehen. Wenn Sie natürlich unumstößliche Vorstellungen von Farbkombinationen und der sonstigen äußeren Erscheinung Ihrer Kinder haben, werden Sie hier wahrscheinlich eingreifen. Das hat nicht nur zur Folge, dass Sie früher aufstehen müssen, sondern auch, dass Sie Ihre Sprösslinge diesbezüglich lange von Ihnen abhängig machen. Es soll erwachsene Männer geben, die deswegen keinen eigenen Geschmack ausgebildet haben. Und das nur, weil ihre Mütter es nicht ertragen konnten, dass sie mit verschiedenen Socken losgezogen sind. Ein bisschen »Pippi Langstrumpf« kann hier nicht schaden.

Berufstätige Eltern sollten sich auch entlasten, indem sie den Kindern so viel wie möglich die Verantwortung für die Schule überlassen. Durch zu viel Mithilfe und Nachfragen kann man auch Abhängigkeiten schaffen. Unterstützen Sie Ihre Kinder dabei, ihr Lernen zu organisieren, helfen Sie ihnen, indem Sie Strukturen vorgeben und erledigte Aufgaben kontrollieren, aber setzen Sie sich nicht regelmäßig mit ihnen zum Lernen hin.

Verteilen Sie gemeinsam die anstehenden regelmäßigen Aufgaben im Haus, wie Blumen gießen, Spülmaschine ausräumen oder Müll sortieren. Berücksichtigen Sie dabei – auch das motiviert –, wer etwas gerne tut oder gut kann. Machen Sie – wenn nötig – Pläne, aus denen hervorgeht, wer mit Altglaswegbringen und wer mit Rasenmähen dran ist.

Fürsorglichkeit bremst die Eigenaktivität

Zu große Fürsorglichkeit bremst die Eigenaktivität der Kinder. Wahlmöglichkeiten in einem vorgegebenen Rahmen motivieren. Auch wenn Vierjährige gerne mit dem Staublappen und dem Besen in der Hand putzen helfen, haben größere Kinder in der Regel wenig Lust, abzuspülen, aufzuräumen oder einkaufen zu gehen. Sie frönen lieber ihrem kindlichen Egoismus am PC oder auf dem Skateboard.

So paradox es klingen mag: Die deutliche Rücknahme der Eltern aus dem Vorgabenmachen und der Einmischung provoziert immer eine Eigenaktivität der Kinder. Die muss man dann allerdings – wie auch immer sie ausfällt – zulassen können. Erinnern Sie sich daran, wie eifrig die Kinder sind, wenn Mama oder Papa krank ist oder wenn sie in einer schwierigen Lage für kurze Zeit auf sich allein gestellt sind.

Als unsere Jüngste noch nicht ganz fünf Jahre alt war, beschlossen wir, unsere drei Kinder zum ersten Mal abends ohne Babysitter allein zu lassen und – mit Handy ausgestattet – ins nahe gelegene Kino zu gehen. Die Jungen, sieben und neun, fanden das ganz o.k. Nur Charlotte klagte über etwas Bauchweh, was wir jedoch auf die bevorstehende Abwesenheit der Eltern zurückführten.

Der Film war so beeindruckend, dass wir vergaßen, schon auf dem Heimweg das Mobiltelefon wieder einzuschalten. Als wir kurz vor 23 Uhr in unsere Straße einbogen, sahen wir unseren ältesten Sohn schon in der Haustür stehen: »Charly hat gekotzt!« Entsetzt rannten wir ins Haus. Da saß die Kleine ganz zufrieden am Küchentisch und schlürfte Tee. »Den haben wir ihr gemacht«, verkündeten die Buben stolz. Warum das Badezimmer so nass sei, fragten wir: »Wir haben sie geduscht und ihr einen neuen Schlafanzug angezogen.«

Motivieren durch Innehalten

Wer unumstößliche Vorstellungen von Ordnung oder Vorgehensweisen bei Hausarbeiten hat, wird die Kleinen schnell entmutigen. Sie haben dann schnell keine Lust mehr und ziehen sich zurück.

Daher unser Tipp: Werden Sie langsamer! Warten Sie ab, bevor Sie mit rüden Maßnahmen oder gar Strafen Ihr Kind zum Aufräumen oder zu schulischen Leistungen anzutreiben versuchen. Behalten Sie Ihren spontanen, oftmals von eigener Hektik und Zeitdruck geprägten Impuls zunächst bei sich.

Auf keinen Fall sollten Sie die Dinge, die Sie gemeinsam zuvor als Sache der Kinder definiert haben, selbst machen, wenn Sie sie unerledigt vorfinden. Das ist leichter gesagt als getan – das wissen wir selbst. Dennoch sollten Sie sich im Klaren darüber sein, dass das Schimpfen über schmutziges Geschirr und hingeworfene Jacken überhaupt keinen Effekt hat, wenn Sie sie gleichzeitig beseitigen. Vielmehr nehmen die Kinder wahr, dass ihre Aufgabe ja von jemand anderem gemacht wird, wenn sie es nicht tun. Sie werden diesen Job in Zukunft gern Ihnen überlassen.

Motivieren durch unerwartete Handlungen

Wenn gar nichts passiert, sind manchmal auch verrückte Lösungen wirkungsvoll, wie zum Beispiel eine Woche lang keine Wäsche mehr waschen. Oder nicht mehr zu bügeln, weil die Hemden und Blusen in die Ecke geknüllt werden. Trauen Sie sich durchaus, die Kinder manchmal mit solchen Aktionen auf die Wirkungen ihres Verhaltens hinzuweisen. Verlassen Sie sich darauf: Wenn wirklich Not am Mann ist, werden sie es merken und bei den wichtigen Dinge mitmachen.

Motivation durch Veränderung der eigenen inneren Haltung

Anders als solche offenen Botschaften wirken Veränderungen in der eigenen inneren Haltung. Indem Sie sich selbst vornehmen, Ihr Kind für die Ordnung in seinem Zimmer, die besseren Schulnoten oder Ähnliches zuständig zu machen, wird Ihr Kind das an Ihrem Verhalten spüren, und zwar an kleinen Gesten. Vor allem dann, wenn Sie sich mit Ihrem Partner darüber verständigt haben und Sie beide an einem Strang ziehen. Das Kind fühlt sich ernst genommen und hat die Wahl, selbst zu entscheiden.

»Nachdem mein Mann und ich uns auf einem langen Spaziergang auf eine neue Strategie beim Umgang mit Hausaufgabenkontrolle und Lernunterstützung für unseren zwölfjährigen Gymnasiasten geeinigt hatten, veränderte sich – ohne dass wir überhaupt mit ihm darüber gesprochen hatten – sein Verhalten: Er ging selbstständiger und ohne wiederholte Aufforderung an sein nachmittägliches Lernpensum.«

Motivation durch »Mitgehen«

Eine andere sehr effektive Methode, Menschen zu motivieren, besteht darin, sich ein Stück weit intensiv auf sie einzulassen. Das kann so weit gehen, dass Sie den entsprechenden Menschen nicht nur genau in seinem Verhalten in Worten und Gesten beobachten, sondern ihn bei seinem Tun auch begleiten. Bei einem Kind kann das bedeuten, dass Sie sich bei den Hausaufgaben einfach eine Zeit lang daneben setzen, zuschauen und sich vielleicht das eine oder andere von ihm erklären lassen. Das funktioniert aber nur, wenn Sie sich wirklich Zeit nehmen und alles andere dabei vergessen. Beobachten Sie kleine Gesten, wie Ihr Kind spricht und wohin es schaut. Wenn Sie das nur ein paar Mal gemacht haben, werden Sie so viel über Ihr Kind erfahren wie selten zuvor. Begleiten Sie Ihr Kind nicht nur beim Aufräumen, sondern auch bei anderen Aktivitäten wie Skateboardfahren oder beim Fingermalen. Der Effekt ist immer derselbe: Das Kind fühlt sich in seinen Interessen ernst genommen und ist motiviert – auch für andere Dinge:

Als unser neunjähriger Sohn Jakob zum wiederholten Mal mit dem Klavierspielen aufhören wollte, obwohl es ihm leicht fiel, hatte ich ein längeres Gespräch mit ihm, für das ich mir viel Zeit nahm. Deutlich wurde dabei, dass Jakob das Üben als eine einsame Sache empfand, bei der er sich nur von seinem Vater Unterstützung holen könnte. Der allerdings hätte so wenig Zeit.

Mein Mann und ich beschlossen wenig später bei einer längeren Autofahrt, dass speziell er öfter mit Jakob üben sollte und ich ihn auf andere Weise begleiten könnte. Wir haben dies aufgrund unserer beruflichen Belastung nur über kurze Zeit intensiv betreiben können. Das allerdings hat vollkommen ausgereicht. Auch wenn sich mein Mann inzwischen nur noch gelegentlich mit ihm ans Klavier setzt: Jakob ist hoch motiviert und übt mehr als zuvor, inzwischen weitgehend allein. Eine »Krise« hatte er seither nicht mehr.

Motivation durch die Schaffung von Wahlmöglichkeiten

Wenn Kinder das Gefühl haben, dass sie an Entscheidungen, die sie betreffen, beteiligt sind, sind sie in der Regel motiviert und einsatzbereit. Indem Sie die Kleinen an der Entscheidungsfindung beteiligen, lernen sie zugleich abzuwägen und Argumente auszutauschen. Das sind wichtige Kompetenzen für das weitere Leben, die zudem noch Spaß machen. Wenn die Kinder sich dabei für eine Sache entscheiden, so ist es ihres, für das sie sich auch einsetzen werden. Das Umgekehrte ist ebenso richtig.

Unsere Kinder wollten unbedingt eine Katze. Als die Nachbarskatze Junge hatte, erschien ihnen die Gelegenheit günstig. Wir trugen den Kindern auf, jeder sollte eine Liste erstellen unter folgenden Fragestellungen: Was sind die Vorteile, was die Nachteile einer Katze? Und welche Aufgaben wie Füttern oder Tierarztbesuch ist jeder bereit, für die Katze zu übernehmen? Die Listen wurden geschrieben. Die Frage nach einer Katze tauchte danach nicht mehr auf.

Belohnungen lähmen oder: »Geld schießt keine Tore«*

Auf keinen Fall sollten Eltern – auch wenn sie noch so unter Druck stehen – kleine Hausarbeiten oder spezielle Aufgaben, die alle betreffen, mit Geld belohnen. Eine Ausnahme sind Sonderaufgaben wie das Auto der Eltern zu waschen. Geld verdienen sollten Kinder außerhalb des eigenen Haushalts. Auch andere Belohnungssysteme wie »Wenn du gute Noten hast, bekommst du ein Fahrrad« laufen sich schnell tot.

Unsere Erfahrungen haben gezeigt, dass solche Versprechungen eher das Klima stören und Konkurrenzdenken unter Geschwistern anheizen. Die Folge ist, dass nicht jeder in der Familie das macht, was ihm am meisten Spaß macht oder was er schon kann, sondern das, wofür es am meisten Geld gibt. Und: Wenn Müll-Raustragen einen Euro wert ist, was sind dann Kochen und Wäschewaschen wert? Solche Belohnungssysteme fördern eher die Unselbstständigkeit der Kinder und verhindern, dass sie sich gegenseitig unterstützen.

Machen Sie es umgekehrt: Wenn etwas besonders gut war, wird es unerwartet belohnt. Man feiert gemeinsam einen Erfolg und zeigt seine Anerkennung auch mal in barer Münze.

---

*Zitat: Otto Rehagel, früher unter anderem langjähriger Trainer des Fußball-Bundesligisten Werder Bremen

Prämiensysteme gehen immer davon aus, dass die Kinder freiwillig nur 70 Prozent ihrer Leistungsfähigkeit und ihres Einsatzes zeigen. Und dass nur die Belohnung, die Prämie die restlichen 30 Prozent herauskitzelt.

Fällt Ihnen dabei der Vergleich mit Ihrer Firma ein? Welche Haltung den Mitarbeitern gegenüber ist in Ihrem Unternehmen üblich? Welche Auswirkungen auf die Leistungsbereitschaft hat ein solches System im Job?

Wahr ist nämlich: Je mehr ich Verhalten belohne, desto mehr sinkt die Eigenmotivation. Und ohne Eigenmotivation fehlt allen irgendwie angestoßenen Handlungen und Verhaltensänderungen die Nachhaltigkeit. Sind sie doch nur kurzfristig wie bei einem dressierten Hund auf eine Belohnung ausgerichtet. Es liegt nahe, dass darüber hinausgehende eigene Initiative und die Übernahme von Verantwortung eher nicht stattfinden. Dass diese Behauptung stimmt, zeigt folgende kleine Geschichte, in der das System umgekehrt funktioniert:

Drei Jungen hatten großen Spaß daran, täglich den Nachbarn zu ärgern. Eines Tages winkt sie der Nachbar schon des Morgens herbei: »Wenn ihr mich heute so richtig ärgert, bekommt jeder einen Euro.« Das finden die Jungen toll und sie überlegen sich eine Menge guter Streiche. Am nächsten Tag verspricht der Nachbar für das Ärgern jedem 50 Cent. Auch dafür ärgern ihn die Jungen ordentlich. Als er ihnen am dritten Tag nur noch 20 Cent anbietet, lehnen sie ab, dafür lohne sich der Aufwand nicht. Sie lassen das Ärgern sein.

Untersuchungen über die Werdegänge von Berufsmusikern haben das bestätigt. Begabung allein ist nicht ausschlaggebend für eine erfolgreiche Künstlerkarriere. Ebenso wichtig ist, dass schon die Kinder Spaß an der Musik haben und von selbst Lust haben zu üben. Wenn Eltern ihre begabten Sprösslinge täglich ans Instrument treiben müssen, kommt in der Regel nicht mehr als Mittelmäßigkeit heraus.

Wie ist das bei Ihnen selbst: Wie gelingen die Dinge, die Sie selbst wollen? Und wie erfolgreich erledigen Sie Aufgaben, zu denen Sie keinen eigenen Impuls verspüren? Sie können auch darüber nachdenken, wo Sie in Ihrem bisherigen Leben erfolgreich waren, und wo weniger. Zu welchen Aufgaben und Herausforderungen haben Sie sich selbst entschieden und zu welchen wurden Sie gedrängt?

Die Familie als »Dreamteam« oder: 2 + 2 = 7

Auf lange Sicht – das ist inzwischen im Wirtschaftsleben erwiesen – ist nur erfolgreich, wer ein zufriedenes, das heißt seelisch und körperlich gesundes Leben führt. Dazu können Familie und Partnerschaft erheblich beitragen.

Erfolgreiche Politiker und Manager haben in der Regel mehrere Kinder. Und das gilt inzwischen auch weitgehend für Frauen: Auf der ersten Führungsebene haben zu 60 Prozent der Managerinnen Kinder und auf der zweiten und dritten immerhin noch 45 Prozent.

Diese Überzeugung kann jedoch nicht dazu führen, dass berufstätige Eltern beruflich wie privat unter Hochdruck arbeiten, um alles unter einen Hut zu bringen. Sie kommen abgehetzt nach Hause, um mit den Kindern noch eine Radtour zu machen, von der man aber rechtzeitig zurück sein muss, da abends mit Frau und Freunden der Kinoabend angesagt ist. Schnell entsteht da das Bild, dass so etwas nur außergewöhnlich starke und belastungsfähige Menschen schaffen. Power-Paare halt. Zu denen man sich selbst nicht zählt.

Das meinen wir aber nicht damit. Diese Paare stopfen sich ihre privaten und beruflichen Terminkalender voll – mit dem Ergebnis, dass sie beides als belastend empfinden. Sie kommen gestresst vom Job heim und empfinden die Aufgaben in der Familie als zusätzliche Energiefresser. Wenn sie am nächsten Morgen in der U-Bahn sitzen, sind sie schon müde, bevor der Tag überhaupt anfängt. Für diese Paare bedeutet die Verbindung von Familie und Beruf, dass beide Bereiche darunter leiden. Für sie geht die Addition so aus: 2 + 2 = 3. »Man muss halt Abstriche machen!« sind die üblichen Rationalisierungen dazu. Und es kommt ihnen manchmal so vor, als könnten sie ihr Leben alleine besser meistern. Vielleicht sind sie auch im Job schlechte Teamspieler und glauben, dass sie durch die Zusammenarbeit mit den Kollegen eher behindert als gefördert würden.

Was für gelungene Teamarbeit gilt, kann auch für die Verbindung von Familie und Beruf gelten: Beide Bereiche profitieren vom jeweils anderen. Die Anerkennung und Herausforderung im Beruf schaffen eine geistige Zufriedenheit, Kinder und Partner sorgen für seelisches Wachstum und Geborgenheit. Echte Power-Paare freuen sich auf beides gleichermaßen und empfinden eine gegenseitige Befruchtung. Für sie ist der Beruf eine Erholung von der Familie und die Familienzeit eine erholsame Abwechslung vom Job.

Oft schaffen diese Paare trotz reduzierter Arbeitszeit in der Summe genauso viel wie Vollzeitkräfte, weil sie mehr Engagement und Kreativität einbringen. Die Kinder sind zufriedener, weil sie ausgeglichene Eltern haben. Für Power-Paare, wie wir sie verstehen, ist das Ergebnis der Addition aus Beruf und Familie: 2 + 2 = 7. Damit das gelingt, braucht es die Familienkultur und es braucht bei aller Liebe auch einiges Wissen und einige Fähigkeiten zum Thema Konfliktmanagement.

 *Literaturtipps*

Clement, Ute und Ulrich: »Doppelkarrieren. Familien- und Berufsorganisation von Dual Career Couples«, in: *Familiendynamik,* 3/2001

Dusolt, Hans (Hrsg.): *Schritt für Schritt. Ein Leitfaden zur Gestaltung des Zusammenlebens in Stieffamilien,* München: Profil 2000

Irwin, Anne: *Lieben statt erziehen. Ein Elternratgeber zur spirituellen Kindererziehung,* Freiburg: Hermann Bauer 1999

Lindgren, Astrid: *Pippi Langstrumpf,* Hamburg: Oetinger 1979

Lindgren, Astrid: *Ronja Räubertochter,* Hamburg: Oetinger 1982

Rosenkranz, Hans: *Von der Familie zur Gruppe zum Team. Familien- und gruppendynamische Modelle zur Teamentwicklung,* Paderborn: Junfermann 1990

Sprenger, Reinhard: *Aufstand des Individuums. Warum wir Führung komplett neu denken müssen,* Frankfurt: Campus 2001

Sprenger, Reinhard: *Mythos Motivation. Wege aus einer Sackgasse,* Frankfurt: Campus 2001

Sprenger, Reinhard: *Das Prinzip Selbstverantwortung. Wege zur Motivation,* Frankfurt: Campus 2000

Zulehner, Paul und Volz, Rainer: *Männer im Aufbruch. Wie Deutschlands Männer sich selbst und wie Frauen sie sehen,* Ostfildern: Schwabenverlag 1998

Konflikte nicht meiden, sondern managen

Eine ausgeprägte Familienkultur hilft konfliktträchtige Situationen im Vorfeld zu vermeiden und Streit erst gar nicht entstehen zu lassen. Trotzdem wird es immer wieder Konflikte geben. Wo Menschen zusammenleben und womöglich zusammenarbeiten, prallen ganz selbstverständlich unterschiedliche Interessen aufeinander. Es mag sein, dass sich in einer Familie, in der sich ein Elternteil ganz den Zielen und Interessen von Kind und Partner unterordnet, zunächst etwas weniger Konfliktpotenzial existiert. Und es liegt nahe, dass im Zusammenleben berufstätiger Paare mehr gegensätzliche und manchmal unvereinbar erscheinende Tendenzen auftreten. Wie auch immer die Familie organisiert ist, sie unterliegt immer ganz spezifischen Stressfaktoren. Daher ist es in jedem Fall ein Ding der Unmöglichkeit, Familie als konfliktfreie Zone zu leben. Das ist auch kein erstrebenswertes Ziel. Denn Konflikte sind normal. Sie müssen sogar hin und wieder sein, da wichtige Entwicklungsschritte in Beziehungen nur über einen Konflikt getan werden.

Und Konflikte sind ein großes Lernfeld. Wesentliche Lernerfahrungen machen Menschen meist erst, wenn sie ihre gewohnte »Komfortzone« verlassen müssen, wenn es also einmal richtig ungemütlich wird oder gar »kracht«. Schon aus diesem Grund ist es wichtig, Konflikte zuzulassen und auszutragen. Dabei gilt es fein zu unterscheiden zwischen den gleich bleibend kräftezehrenden Streitereien und vereinzelten klärenden Auseinandersetzungen.

Wie Sie unnötigen Kleinkrieg im Aktionsfeld zwischen Job, Partnerschaft und Kindern vermeiden und notwendige Konflikte Gewinn bringend nutzen können, das lesen Sie in diesem Kapitel.

Balancieren mit der Zeit und mit den Rollen

Üblicherweise treten die meisten Konflikte an den Schnittstellen zwischen Familie und Beruf auf: Sie kommen nach einem anstrengenden Arbeitstag nach Hause, wo Partner und Kinder Sie mit Wünschen, Erzählungen und Fragen überschütten. Obwohl Sie sich auf den Feierabend in der Familie gefreut haben, reagieren Sie aggressiv oder mit Rückzug.

Oder: Sie verlassen pünktlich das Büro, um Ihre Tochter von der Tagesmutter abzuholen, während Ihr Kollege noch über Aktenbergen brütet. Als Sie sich verabschieden, schaut er wie so oft ostentativ auf die Uhr und stöhnt.

Oder: Sie haben am frühen Morgen einen unaufschiebbaren Präsentationstermin, Ihr Kind hat Bauchweh und will nicht in den Kindergarten gehen.

Die geschilderten Situationen stehen für die typischen Konflikte, mit denen sich Doppelkarriere-Paare auseinander zu setzen haben. Neuere empirische Studien beschreiben zwei Hauptkonfliktthemen: Beklagt wird vor allem die Arbeitsüberlastung und zugleich die mangelnde Zeit für die Partnerschaft. Außerdem ist der Rollenkonflikt zwischen der Berufsrolle einerseits und der privaten Eltern- und Partnerrolle von Bedeutung.

»Zeitkonkurrenz« nennen Clement und Clement* das ewige Hinterherlaufen hinter nie fertig erscheinender Arbeit und permanent fordernder Familie. Der Grund: Anspruchsvolle und womöglich karriereorientierte Aufgaben sind selten zeitlich berechenbar und kosten durch den damit verbundenen persönlichen Ehrgeiz viel körperliche und psychische Kraft. Da Familienarbeit kaum kurzfristig erfolgsträchtige Ergebnisse produziert, wird die Energie meist von der privaten Sphäre abgezogen.

Der »Kulturkonflikt« besteht zwischen der Arbeitskultur mit Leistungsorientierung, rationalen Erfordernissen und Strukturen sowie der Familienkultur mit ihrer Gefühlsorientierung, aber auch ihrer zyklischen Logik der Langsamkeit. Daraus entstehen die konfliktträchtigen Situationen, die wir nur zu gut kennen. Oftmals bringen sie innere Konflikte zum Kochen, und obwohl man das Muster kennt, kann man nicht anders, als das übliche Verhalten abspulen, das in der Regel im handfesten Streit endet. Das ist anstrengend und raubt einem oft alle Energien. Daher will keiner Konflikte haben. Die typische Reaktion der meisten Menschen ist daher eher: Augen zu oder weglaufen.

Konflikte als existent anerkennen

Konflikte wird man nicht los, indem man eine Auseinandersetzung vermeidet, mit Strenge oder Lautstärke übertönt oder einfach totschweigt. Der erste Schritt zu ihrer Lösung ist, sie als existent anzuerkennen. Wie oft schauen wir weg, obwohl ein Konflikt offenkundig ist, nur weil es uns unangenehm ist, ihn offen anzusprechen!

---

* Ute und Ulrich Clement: »Doppelkarrieren. Familien- und Berufsorganisation von Dual Career Couples«, in: *Familiendynamik*, 3/2001

Eine solche künstliche Harmonie ist oft teuer erkauft. Denn Gefühle wie Ärger oder Trauer stauen sich auf und finden dann in psychosomatischen Erkrankungen wie Kopfschmerzen oder Magendrücken ihren Ausdruck. Nach der traditionellen chinesischen Medizin liegen wichtige Akupunkturpunkte für Magenbeschwerden unter den Augen, dort, wo die Tränen fließen.

Aufgestaute Wut entlädt sich oft in völlig unbegründet erscheinenden Tobsuchtsanfällen. Nicht selten richten sich solche Ausbrüche gegen die Schwächsten in der Beziehungskette, die Kinder, die wegen Kleinigkeiten zusammengebrüllt werden.

Konfliktmanagement in vier Schritten

Wenn Sie folgende wesentliche Schritte verinnerlichen, so sind Sie auf dem Weg zu einem gelungenen und energiesparenden Konfliktmanagement.

1. Konfliktmuster erkennen

Die Fähigkeit, Konflikte zu bearbeiten und Gewinn bringend zu lösen, hängt stark davon ab, ob wir in der Lage sind, unmissverständlich direkt und gefühlsbetont zu kommunizieren. Die soziale Geschicklichkeit, unsere Einstellungen und die Regeln hierzu sind uns nicht nur rational und bewusst, sondern vor allem über unbewusste, nonverbale Kommunikation vererbt worden. Sie können uns behindern und sogar krank machen. Indem wir sie uns bewusst machen, können wir uns für neues Verhalten entscheiden und Defizite beheben.

Power-Paar-Übung

Hier ist es zunächst wieder interessant, sich mit Ihrer jeweiligen Herkunftsfamilie zu beschäftigen. Tun Sie das unter folgenden Fragestellungen:

1. Welche Bedeutung hatten Konflikte in Ihrer Familie?
- zwischen den Eltern
- zwischen Geschwistern
- zwischen Kindern und Eltern
2. Durften Sie als Kinder streiten? Durften Sie anderer Meinung sein als die Eltern?
3. Wie wurden Konflikte ausgetragen?
4. Wie haben Sie Konflikte und Auseinandersetzungen zwischen den Eltern in Erinnerung?
5. Waren Auseinandersetzungen in Ihrer Familie eher reinigend und erlösend oder blieben eher schlechte Gefühle zurück?
6. Wer waren Ihre typischen Konfliktpartner?
- in der Familie
- in der Schule / in der Gruppe
7. Wer sind heute Ihre Konfliktpartner und bei welchen Menschen gehen Sie Konflikten aus dem Weg?

Nach diesen Überlegungen haben Sie wahrscheinlich schon ein differenzierteres Bild über Ihr eigenes Konfliktverhalten. Schauen Sie nun noch genauer hin:

- Wie reagieren Sie normalerweise, wenn sich ein Konflikt anbahnt? Mit Vermeidung oder eher mit Annehmen und Austragen? Oder schüren Sie gar gerne Konflikte?
- Wie sind die Rollen in Ihrer Partnerschaft verteilt?
- Sind Sie immer das Opfer oder eher der Verfolger?
- Und was wäre für Sie ein ganz neues Verhalten im Konfliktfall?
- Was haben Sie in einem Konflikt noch nie gemacht?

Typische Vermeidungsstrategien durchschauen

Nach Virginia Satir gibt es vier wesentliche typische Strategien zur Vermeidung von Konflikten:

1. Der *Abwiegler* ist nachgiebig und unterwürfig. Sein typischer Satz ist »Beruhige dich doch!«.
2. Der *Unterdrücker* ist dominant. Er lässt den anderen nicht zu Wort kommen und schiebt das Problem sofort von sich auf sein Gegenüber. Seine typischen Sätze beginnen mit »Du bist ...« oder »Du hast ...«.
3. Der *Lavierer* ist nicht Fisch und nicht Fleisch. Er entzieht sich mit einem freundlichen Lächeln oder macht einen Spaß über das Ganze.
4. Der *Rationalisierer* psychologisiert und bringt die Dinge auf eine schein-vernünftige Ebene. Man hat bei ihm das Gefühl, man spreche mit einem Kühlschrank.

Haben Sie sich schon wiedergefunden? Was wäre, wenn Sie zum Beispiel anstatt den Lavierer einmal den Unterdrücker spielen würden? Welcher Film läuft da vor Ihrem inneren Auge ab?

Und was wäre, wenn Sie einmal einem Konflikt standhalten würden und nicht wie gewohnt wegschauten oder wegliefen?

Da wir es gewohnt sind, Konflikte als etwas Schlechtes zu stigmatisieren, sehen wir sie oft schon gar nicht mehr. Rein subjektiv ist alles in bester Ordnung. So lange, bis es kracht.

Die schwerste Aufgabe im Konfliktmanagement besteht also darin zu merken, wo etwas nicht stimmt, wo es schon untergründig brodelt oder gar kocht. Zu wissen, woher die Magenschmerzen kommen, und sie nicht wegrationalisieren mit guten Argumenten. Der nächste Schritt ist dann nicht mehr ganz so schwer: den Konflikt offen legen. Ansprechen, was einen am anderen stört, bevor der Konflikt sich zu einer Bombe entwickelt. Weniger die Konflikte selbst sind nämlich das Anstrengende, sondern das Unterdrücken und Überspielen.

Vielleicht ist unsere Angst vor Konflikten auch nur so groß, weil wir sie erst dann ansprechen, wenn sie schon zu einem riesigen Berg angewachsen sind, den wir kaum noch bewältigen können. Wenn wir dann erst darüber reden, gibt es meist Krach. In unserer Wahrnehmung entsteht folglich das Bild, dass jedes offene Gespräch im Streit endet.

Es ist also äußerst wichtig, ein Frühwarnsystem für sich anbahnende Konflikte zu entwickeln. – Wie macht man das?

2. Ein Frühwarnsystem entwickeln

Den ersten Schritt haben Sie schon getan, indem Sie sich über Ihre Konfliktmuster klar geworden sind. Werden Sie nun im zweiten Schritt achtsam: Schauen Sie genau hin, was zwischen Ihnen und Ihrem Partner und zwischen Eltern und Kindern passiert. Achten Sie dabei auf sich und speziell auf Ihre Körperreaktionen. Als Zeichen für gute Gefühle nehmen wir die »Schmetterlinge im Bauch« in der Regel wahr. Wenn es sich aber um schlechte Gefühle handelt, gehen wir über unseren Magendruck oder die Kopfschmerzen schnell einmal hinweg. Nehmen Sie solche Körperwahrnehmungen ernst. Fast alle Menschen haben ein implizites Wissen darüber, was sie bedeuten. Dieses Wissen gilt es zu aktivieren und zu pflegen.

Wir haben vielfach gelernt, dass unsere Gefühle nicht richtig sind. »Ach, das bildest du dir nur ein«, hören wir noch unsere Mutter sagen. Für das Konfliktmanagement gilt: Trauen Sie Ihren Gefühlen! Auch denen, die wie ein Hammerschlag auf Sie zukommen.

3. Jeder Konflikt beginnt in uns selbst

Im dritten Schritt ist es wichtig darauf zu achten, wie wir das Verhalten unserer Mitmenschen – Partner, Kinder und Kollegen – interpretieren.

Vielleicht haben Sie sich schon einmal mit Kommunikationstheorie beschäftigt. Eine wesentliche Erkenntnis daraus ist, dass wir nicht unmittelbar auf das Verhalten und die Regungen unserer Mitmenschen reagieren, sondern wir interpretieren beides erst vor dem Hintergrund unserer Erfahrungen und reagieren dann.

Das Verhalten des Kollegen, der auf die Uhr schaut, wenn Sie pünktlich das Büro verlassen, kann man auf unterschiedliche Weise interpretieren. Wir beschränken uns hier auf zwei Möglichkeiten:

1. Sie sind überzeugt, der Kollege signalisiert mit dem betonten Blick auf die Uhr, dass Sie zu früh gehen und ihn mit der Arbeit allein lassen. Schon früher haben Ihnen andere Kollegen gesagt, dass sie berufstätige Väter für unzuverlässig halten und daher ungern mit ihnen zusammenarbeiten. Ihre Reaktion könnte jetzt sein, dass Sie mit einem schlechten Gewissen oder gar Magenschmerzen nach Hause gehen.
2. Sie glauben, der Kollege fühlt sich nur erinnert, dass es auch für ihn bald Zeit ist, Schluss zu machen, und Sie fordern ihn auf, doch mitzugehen. Geduldig warten Sie an der Tür auf ihn.

Im zweiten Beispiel haben Sie wahrscheinlich Ihre Arbeitszeit und -organisation klar strukturiert und mit dem Kollegen eindeutig abgesprochen. Daher kommen Sie gar nicht auf die Idee, dass der Kollege Ihnen etwas vorwerfen könnte, zumal es in der Firma eine familienfreundliche Kultur gibt. Sie finden sein Verhalten in Ordnung und die Interpretation birgt zumindest von Ihrer Seite kein Konfliktpotenzial.

Im ersten Beispiel haben Sie offenbar schon zuvor ein latent schlechtes Gewissen, das sich in inneren Sätzen äußert wie »Ich sollte doch noch dies und das erledigen« oder »Ich kann doch nicht schon gehen, wenn die anderen noch arbeiten«. Zugleich ist klar, dass die Tagesmutter und Ihre Tochter nicht warten sollen. Dieser innere Konflikt zwischen dem Engagement und der Verantwortung gegenüber der Arbeit einerseits und der Familie andererseits macht Sie empfänglich für versteckte, offene oder nur eingebildete Vorwürfe. Sie fühlen sich angegriffen, also ist für Sie das Verhalten des Kollegen nicht in Ordnung.

Konflikte sind immer dann vorprogrammiert, wenn Menschen oder Gruppen einander nicht o.k. empfinden. Sofort senden wir – auch nonverbal – Botschaften aus, wie wir den anderen sehen oder spüren. Diese Botschaften lösen wieder Reaktionen beim Gegenüber aus. So eine Kettenreaktion ist beispielsweise vorstellbar, wenn Sie spät nach Hause kommen und die Partnerin an der Tür steht.

Wenn Sie sich darüber klar werden, laufen Sie weniger Gefahr, Opfer Ihrer eigenen Interpretationen zu werden. Und Sie geben Ihren Mitmenschen zugleich keine Möglichkeit, an diesen inneren Konflikt anzudocken und damit das Gefühl bewusst oder unbewusst in sich noch zu verstärken. Indem Sie Ihren inneren Konflikt als existent anerkennen, nehmen Sie schon die Leuchtschrift von Ihrer Stirn, auf der steht: »Mach mir ein schlechtes Gewissen!«

Innere Konflikte durch eine klare Entscheidung auflösen
Innere Konflikte entstehen oft dann, wenn Lust- und Realitätsprinzip miteinander konkurrieren. Oder zwischen zwei Werten, die einem Menschen gleich wichtig sind, wie beruflicher Erfolg und familiäre Bindung.

Dann schlagen zwei Seelen in Ihrer Brust. Sie hören zwei Stimmen, die etwas Gegensätzliches raten oder fordern. Sie sollten eine zusätzliche interessante Aufgabe im Job übernehmen, wollen aber gleichzeitig keine Abstriche bei der Familienzeit machen. Vielen vertraut sind solche Gewissenskonflikte, bei denen man das eine sagt und meint und dennoch das andere tut. Der junge Vater ist fest entschlossen, dass er seinen kleinen Sohn abends immer selbst ins Bett bringen will, er schafft es aber fast nie, sich aufgrund des sozialen Drucks in der Firma rechtzeitig loszueisen.

Manchmal kann es hilfreich sein, einen inneren Konflikt mit einer Freundin oder dem Partner zu bereden und ihn damit zu entschärfen oder aufzulösen. Die Außensicht eines Freundes kann helfen, eine klare Entscheidung zu treffen für das eine oder das andere. Setzen Sie eine Priorität. Und handeln Sie künftig nach dieser Entscheidung. Sie werden sehen, dass es Sie entlastet.

Wenn es Ihnen bei einem immer wieder auftauchenden Konflikt nicht gelingt, solch eine klare Entscheidung zu treffen, dann kann folgende Strategie hilfreich sein: Tun Sie einmal zwei Wochen lang so, als hätten Sie diese oder jene Entscheidung getroffen. Und beobachten Sie genau, wie sich dies auf Ihr Verhalten und das Ihrer Konfliktpartner auswirkt.

Mit der Fähigkeit, Ihre eigenen Interpretationen vom Verhalten anderer zu kennen, sind Sie auch in der Lage nachzufragen, was Ihr Gegenüber mit seinem Verhalten gemeint oder bezweckt haben könnte.

4. Konfrontieren durch Rückmeldung

Auf diese Weise übernehmen Sie die Verantwortung für Ihre eigenen Probleme und inneren Konflikte. Sie laufen so weniger Gefahr, das Verhalten Ihres Gegenübers abzuwerten. Denn Abwertungen sind immer die Ursache von Fehlentwicklungen, die in unnötige Auseinandersetzungen münden: Wenn Sie das Verhalten eines anderen abwerten, produziert das in der Regel eine Gegenabwertung.

Sie kennen vielleicht die unendliche Geschichte von dem Mann, der abends in die Kneipe geht. Daraufhin nörgelt seine Frau, worauf er wieder in die Kneipe geht und seine Frau wieder nörgelt ... Der Weg hieraus führt nur über eine freundliche, nicht abwertende Rückmeldung: Die Frau könnte sagen: »Wenn du in die Kneipe gehst, fühle ich mich ungeliebt.« Oder der Mann könnte erklären: »Das Nörgeln macht mich wütend.« Beide konfrontieren den anderen auf eine nicht verletzende Art mit der Wirkung seines Verhaltens. Erst dadurch bekommt jeder die Chance, eigenes Verhalten zu verändern.

Ich-Botschaften verhindern Verletzungen

Hier sind wir schon mitten im vierten Schritt des Konfliktmanagements:

Teilen Sie Ihrem Konfliktpartner mit, wie sein Verhalten auf Sie wirkt, und fragen Sie gezielt nach. Damit nicht durch das Nachfragen schon ein Streit produziert wird, gilt es, ein paar wesentliche Regeln zu beachten.

Die wichtigste Regel ist: Sprechen Sie zunächst von sich selbst. »Wenn ich sehe, wie du auf die Uhr schaust, bekomme ich das Gefühl von Druck.« Fragen Sie dann erst nach, ob Sie mit Ihrer Interpretation richtig liegen. »Möchtest du, dass ich dir noch helfe?«

Die zweite Regel ist: Vermeiden Sie Verallgemeinerungen wie »Immer schaust du auf die Uhr, wenn ich gehe«. Bleiben Sie im Hier und Jetzt und seien Sie bei Nachfragen konkret.

Wenn Ihre Interpretation richtig ist, ist durch die Rückmeldung die Tür geöffnet für ein klärendes Gespräch über die Arbeitsteilung und eventuell anstehende neue Vereinbarungen. In jedem Fall wird dadurch ein unbewusst schwelender Konflikt vermieden, der die Arbeitsatmosphäre stört und in eine Abwertungsspirale münden könnte.

Das Gleiche gilt natürlich auch für den Umgang mit Partner und Kindern. Denn auch hier sind wir permanent mit Interpretationen beschäftigt und stehen uns dadurch oftmals selbst unnötig im Weg. Sehr augenscheinlich verdeutlicht das die Geschichte vom Hammer:*

Ein Mann will ein Bild aufhängen. Den Nagel hat er, aber nicht den Hammer. Der Nachbar hat einen. Also beschließt unser Mann hinüberzugehen und ihn auszuborgen. Doch da kommt ihm ein Zweifel: Was, wenn der Nachbar mir den Hammer nicht leihen will? Gestern schon grüßte er mich nur so flüchtig. Vielleicht war er in Eile. Aber vielleicht war die Eile nur vorgeschützt und er hat etwas gegen mich. Und was? Ich habe ihm nichts getan; der bildet sich da etwas ein. Wenn jemand von mir ein Werkzeug borgen wollte, ich gäbe es ihm sofort. Und warum er nicht? Wie kann man einem Mitmenschen einen so einfachen Gefallen abschlagen. Leute wie dieser Kerl vergiften einem das Leben. Und dann bildet er sich noch ein, ich sei auf ihn angewiesen. Bloß weil er einen Hammer hat. Jetzt reicht's mir wirklich – und so stürmt er hinüber, läutet, der Nachbar öffnet, doch noch bevor er Guten Tag sagen kann, schreit ihn unser Mann an: »Behalten Sie doch Ihren Hammer, Sie Blödmann.«

---

* Aus: Paul Watzlawick: *Anleitung zum Unglücklichsein,* München: Piper 1993

186

Power-Paar-Übung

Um die Vorgänge, die in unserem Gehirn automatisch passieren, besser durchschauen und steuern zu können, schlagen wir folgende Übung vor. Machen Sie sich einmal einen Spaß und beginnen Sie damit, dass Sie ganz unverfängliche Dinge in Ihrem Kopf nach folgendem Schema beobachten:

1. Ich nehme wahr, dass mein Gegenüber

- die Augenbrauen hochzieht.
- hüstelt.
- aus dem Fenster schaut.
- die Arme verschränkt.
- laut spricht.

2. Ich interpretiere, dass mein Gegenüber

- genervt ist.
- eine Erkältung bekommt.
- von mir nichts wissen will.
- friert.
- sich falsch verstanden fühlt.

3. Das löst bei mir folgende Gefühle und Reaktionen aus:

- Ich werde nervös.
- Ich werde fürsorglich und biete Hustenbonbons an.
- Ich spüre Verunsicherung.
- Ich schließe das Fenster.
- Ich fühle mich angegriffen und reagiere aggressiv.

Sie können das auch mal mit einer Freundin oder Ihrem Partner üben. Wenn Sie im »Störfall« mit Partner, Kindern oder Kollegen sich immer wieder darauf besinnen, können Sie Kritik üben und Konflikte ansprechen, ohne dass Sie jemanden verletzen oder bevormunden. Und Sie schaffen damit ein Klima für Klärung.

Kleines ABC der Deeskalation

Natürlich gibt es immer wieder Dinge – kleinere oder größere –, die uns »wahnsinnig« machen, weil sie vielleicht immer wieder passieren, weil sie uns hilflos machen und wir sie vermeintlich nicht abstellen können: »Jeden Morgen gibt es dasselbe Theater: Und immer kurz bevor wir aus dem Haus gehen wollen! Ich mit Akten unterm Arm und Kindergartentasche in der Hand: Jonas will seine Jacke nicht anziehen. Meist endet es damit, dass er sich weinend am Boden wälzt und ich ihn anschreie.«

Aber auch der Partner kann einen in Rage bringen: »Jedes zweite Mal kommt mein Mann zu spät, wenn ich dringend zu einem beruflichen Termin wegmuss. Ich kann die Kinder doch nicht alleine da sitzen lassen!«

Die übliche Reaktion ist, dass wir nörgeln, laut werden, Vorwürfe machen oder richtig in Rage geraten. Und am Ende gehen alle erschöpft und mit einem schlechten Gefühl auseinander. Wenn das alles nichts verändert, machen wir in der Regel noch mehr vom selben, werden noch lauter, nörgeln noch mehr, machen noch mehr Vorwürfe ... Das Ergebnis ist schließlich wieder fast dasselbe.

Es gibt eine einfache Strategie, dies zu verhindern. Sie können sich im Vorfeld eine Ersatzhandlung überlegen, auf die Sie zurückgreifen, wenn Sie merken, dass es wieder kritisch wird:

- Anstatt zu schreien, gehen Sie in ein anderes Zimmer, atmen tief durch, zählen bis 20, stampfen mit dem Fuß auf und kehren dann zurück, wenn Sie sich beruhigt haben.
- Wenn die Wut überhand nimmt, ist es hilfreich, ein Sofakissen zu werfen oder auf das Bett zu schlagen. Eine andere Ersatzhandlung besteht darin, im Keller die Wand anzuschreien. Wenn Sie jetzt lachen, denken Sie einmal daran, wie natürlich Kinder ihre Wut ablassen.

• Die Möglichkeiten zum Abreagieren sind letztlich unbegrenzt. Jeder wird für sich herausfinden, was ihm gut tut und was hilft. Für größeren Gefühls- und Stressstau bietet sich Sport an: Ausdauertraining wie Joggen oder auch Tennis oder Squash. Für manch einen genügt ein strammer Spaziergang im Regen oder laute Musik. Wichtig ist dabei nur, dass Sie auch innerlich aus der stressigen Situation herausgehen und etwas anderes intensiv tun.

Handle stets so, dass die Anzahl der Möglichkeiten wächst!

Abreagieren dient natürlich nur einer spontanen Rettung aus einem eskalierenden Konflikt. Es führt zwar zu einer unmittelbaren Entspannung, für eine dauerhafte Lösung sollte man aber eine Veränderung in der Haltung und im Verhalten anstreben.

Aber die Menschen sind eigenartige Wesen ... In der Regel halten sie an dem Verhalten fest, das sie schon kennen, auch wenn sie nicht davon profitieren. Sie machen mehr vom selben, indem sie mehr Druck ausüben oder sturer werden. Die ausgetretenen Pfade verlassen wir nur ungern und etwas Neues auszuprobieren kommt uns selten in den Sinn. Das verdeutlicht die Geschichte von den Ratten:

Schickt man Ratten täglich in ein Labyrinth aus acht Tunneln und legt man in Tunnel vier ein Stück Käse, dann werden die Tiere anfangs eine Zeit lang herumsuchen, aber spätestens am dritten oder vierten Tag haben Sie den richtigen Weg gespeichert und gehen jeweils direkt zum Tunnel vier, um dort ihre Mahlzeit zu verspeisen. Legt man nun den Käse in Tunnel acht, so machen sich die Ratten, die ihr Fressen in Tunnel vier nicht vorfinden, nach ganz kurzer Zeit auf, um es woanders zu suchen. Nach ein paar Tagen gehen sie direkt nach Tunnel acht.

Nicht so der Mensch. Er setzt sich in Tunnel vier und wartet. Er ist sich sicher: »Hier hat es doch mal Käse gegeben. Und wenn ich nur lange genug warte, gibt es ihn wieder.« Oder auch: »Wenn ich nur lieb bin, wenn ich ganz still bin ...«

Einfache Dinge anders machen oder ganz lassen

Neues Verhalten auszuprobieren wäre bei der Geschichte mit dem morgendlichen Anziehstress, dass die Familie 15 Minuten früher aufsteht, damit sich das Kind in Ruhe selbst die Jacke anziehen kann. Eine andere Möglichkeit besteht darin, die Kinder nach einer eigenen Lösung zu fragen: »Was willst du, dass ich tue?« Nur das Kind weiß letztlich, warum es morgens Theater macht.

Eine Mutter: »Ich fordere bei ›Wiederholungstaten‹ meine Kinder oft auf, selbst eine Strafe für ihr Verhalten auszuwählen. In der Regel sind die gerecht und ich erfahre gleichzeitig etwas über die Beweggründe ihres Tuns.«

Eine ganz einfache, aber oft übersehene Lösung besteht darin, bestimmte »schwierige Dinge« anderen zu überlassen. Wenn morgens immer die Mama den »Anziehblues« mit den Kleinen hat, kann das mal für eine Zeit lang der Papa übernehmen. Wenn das Matheüben immer zu Verweigerung führt, kann das vielleicht der große Bruder machen. Im Extremfall kann auch ein Nachhilfelehrer die Lösung sein.

Und eine dritte Strategie besteht darin, konfliktträchtige Streitobjekte oder Situationen zu beseitigen. Wenn es beispielsweise immer Streit ums Fernsehen gibt, dann räumen Sie den Apparat einfach für zwei Monate auf den Speicher. Und wenn Sie sich selbst darüber ärgern, dass Sie immer erfolglos zwischen Ihre streitenden Kinder gehen, dann tun Sie es einmal eine Zeit lang nicht und schauen nur von weitem zu, was passiert.

Eltern als Moderatoren im Kinderstreit

Keine Frage: Streitende Kinder – ob groß oder klein – sind energieraubend. Vor allem dann, wenn müde Eltern den Feierabend mit ihren Kleinen entspannt genießen wollen:

»Abends freue ich mich immer auf meine beiden kleinen Töchter. Aber wenn ich dann mit ihnen auf dem Boden sitze und spiele, streiten sie nur. Die Große nimmt der Kleinen das Spielzeug weg und kneift sie, bis sie weint.«

Kinderstreit kommuniziert den Eltern manchmal auch wichtige Empfindungen. Das kann Nervosität oder aus dem Job mitgebrachter Stress sein, den die Kleinen spüren. Prüfen Sie sich selbst, ob Sie beim Spielen wirklich ganz bei der Sache sind oder ob Sie in Gedanken beim Job ganz woanders sind. Vielleicht buhlen die Kleinen deswegen lauthals um Ihre Aufmerksamkeit.

Manchmal konkurrieren Kinder im Streit um die Gunst von Mama und Papa. Wenn der Vater nur selten ein paar Stunden für die Sprösslinge übrig hat, will ihn jeder möglichst ganz für sich. Überlegen Sie, ob Sie hin und wieder nur mit einem Kind etwas machen. Vielleicht darf die Ältere etwas länger aufbleiben und beim Papa dann auf dem Schoß sitzen. Sie würdigen damit zugleich den ihr gebührenden Platz der Großen.

Bedenken Sie natürlich auch, dass Kinder um des Streites willen balgen und sich ärgern. Das ist ein wichtiges Lernfeld um Selbstbehauptung, Konfliktverhalten und Körpererfahrung. Wenn Sie Streit und Gefühlsausbrüche immer verbieten, werden Ihre Kinder später zu Konfliktvermeidern – wie Sie selbst vielleicht auch?

Fragen Sie vor allem größere Kinder, ob sie noch Spaß am Streiten haben oder ob sie tatsächlich an einer Lösung für ihr Problem interessiert sind und ob sie Ihre Hilfe haben wollen. Erst dann macht es Sinn, dass die Eltern als Vermittler oder Moderatoren unterstützend eingreifen. Das können Sie auf folgende Weise tun:

Fair Fight

Lassen Sie die Streithähne sich gegenüber in gebührendem Abstand aufstellen. Sie selbst stehen seitlich wie ein Schiedsrichter beim Boxen.

Fordern Sie beide Kinder der Reihe nach auf, das Problem aus ihrer Sicht zu schildern. Achten Sie darauf, dass keine Allgemeinplätze ausgetauscht werden wie »Der ärgert mich immer«. Fragen Sie nach dem konkreten Anlass im Hier und Jetzt.

Fragen Sie beide nacheinander, ob sie die Position ihres Konfliktgegners verstanden haben, und lassen Sie den wichtigsten Satz des Gegenübers wiederholen. Fordern Sie Ihre Kinder nun auf, einen Lösungsvorschlag zu machen, der für beide akzeptabel ist. Erst wenn von den Kindern keine Vorschläge kommen, machen Sie einen. Nur wenn beide mit der Lösung oder Regelung einverstanden sind, bewirkt sie einen längerfristigen Frieden.

Es gibt lösbare und unlösbare Fälle

Wenn alle diese recht einfachen Verhaltensänderungen und kleinen Tricks nicht funktionieren und dieselben Streitmuster immer wieder auftreten, könnte es sein, dass dieser spezielle Fall zu jenen unlösbaren Problemen und Themen gehört, die es in jeder Partnerschaft und Familie gibt. Solche unlösbaren Probleme machen Ihnen immer wieder zu schaffen und fühlen sich oft an wie ein Stein im Bauch oder ein Kloß im Hals. Wenn Sie jedoch anerkennen, dass es unlösbare Probleme geben darf, haben Sie einen wichtigen Schritt im Konfliktmanagement getan. Indem Sie nämlich als Paar, als Vater oder als Kollege etwas als unlösbar anerkennen, löst sich paradoxerweise manchmal sogar der entscheidende Knoten. Die einzige Chance, damit umzugehen, besteht jedenfalls darin, eine Entscheidung zu fällen, ob ich damit leben will und kann, auch wenn es mir immer wieder gegen den Strich geht.

Auch hier gilt, was oben schon einmal beschrieben wurde: Manchmal hilft auch schon ein »So tun als ob«, um eine gewisse Entspannung herbeizuführen. Von einem »Nie werde ich akzeptieren, dass er jeden Samstagnachmittag auf dem Fußballplatz verbringt« zu einem »Ich entscheide, mich einen Monat lang darüber nicht zu ärgern« ist kein so großer Schritt. Und dennoch zeigen wir dem anderen, dass wir akzeptieren, dass er anders ist.

Power-Paar-Übung

- Erstellen Sie jeder getrennt voneinander eine Liste mit jeweils fünf bis zehn kleineren oder größeren Problemen, die Ihrer Meinung nach die Partnerschaft stören.
- Bestimmen Sie dann gemeinsam, ob diese Probleme lösbar oder unlösbar sind.
- Finden Sie in einem dritten Schritt gemeinsam Wege, wie Sie mit den unlösbaren Problemen auf eine befriedigendere Art umgehen können.

Eine weitere Möglichkeit, sich mit solchen Themen auseinander zu setzen, könnte darin bestehen, dass jeder sein ihm lieb gewonnenes Verhalten weitgehend beibehält, dafür aber in anderen Bereichen Zugeständnisse macht, die ihm nicht so schwer fallen. Wenn ein Paar oder zwei Kollegen darüber eine richtige Vereinbarung treffen, die womöglich sogar schriftlich fixiert ist, nennt man das im Managementtraining eine Rollenverhandlung.

Power-Paar-Übung

Füllen Sie jeder zunächst für eine oder zwei Problemstellungen folgende drei Forderungen aus:

Es würde mein Wohlbefinden und meine Arbeitsfähigkeit im Zusammenleben mit dir verbessern, wenn du

● Folgendes in deinem Verhalten mehr/öfter tun würdest:
...

...

● Folgendes in deinem Verhalten weniger tun würdest:
...

...

● Folgendes in deinem Verhalten beibehieltest:
...

...

Tauschen Sie anschließend die Papiere aus und überlegen Sie, welche Wünsche und Forderungen Sie erfüllen können und wollen. Machen Sie die Erfüllung an konkretem Verhalten fest.

Dann setzen Sie sich zusammen und treffen eine mündliche oder vielleicht sogar eine schriftliche Vereinbarung. Sie werden automatisch darauf achten, dass das Geben und Nehmen ausgeglichen ist.

Bei einer solchen Rollenverhandlung könnte herauskommen, dass er sich bereit erklärt, immer sonntags für zwei Stunden mit den Kindern etwas zu unternehmen, damit sie Zeit für sich hat. Dafür erklärt sie sich bereit, ihn am Samstag zum Fußball gehen zu lassen, ohne zu nörgeln.

Den heimlichen Gewinn entdecken

Manchmal ist ein Problem unlösbar und ein Thema nie vom Tisch, weil es für einen Konfliktpartner einen heimlichen Gewinn beinhaltet – es also einen Vorteil gibt, der nicht augenscheinlich erkennbar ist. Fragen Sie sich also einmal bei Ihren unlösbaren Problemen, ob Sie nicht hier und da bei genauem Hinschauen einen heimlichen Gewinn entdecken.

Sie können ihn leichter herausfinden, wenn Sie sich fragen, was denn wäre, wenn das Problem beseitigt wäre. Stellen Sie sich die problemfreie Situation genau vor und überlegen Sie, was fehlen würde. Wem würde es dann besser und wem schlechter gehen? So kommen Sie dem versteckten Vorteil auf die Spur.

Ein 70-jähriger Unternehmer suchte einen Berater auf und klagte ihm sein Leid: Er möchte sich seit Jahren schon aus der Firma zurückziehen und endlich in seinen wohlverdienten Ruhestand gehen. Aber seine Söhne, die die Firma inzwischen schon gemeinsam führen, würden sich ständig streiten. Daher müsse er noch dableiben und aufpassen, dass sie nicht durch die Streitereien das Unternehmen zugrunde richten.

Der Berater hörte die Geschichte an und fragte: Was würde denn passieren, wenn die Söhne sich plötzlich nicht mehr streiten würden? Dann brauche er nicht mehr in die Firma gehen. Was er dann täte? Dann säße er zu Hause. Und was das denn bedeuten würde? Dass er alt sei und sterben könne.

Da wurde dem Alten klar, welchen Anteil er an dem Streit seiner Söhne hatte.

Abenteuer Familie und Beruf als Entwicklungschance für alle

Wer sich auf den Weg in das Abenteuer Familie und Beruf einlässt, wagt eine der größeren Herausforderungen des Lebens. Es ist der schwierigere Weg, unserer Meinung nach aber auch der spannendere, weil er mehr Entwicklungschancen enthält.

Es geht hier um weit mehr als einen »übersteigerten Individualismus der Frauen« und meist um mehr als materielle Fragen.

Schon als Kind konnten wir uns entscheiden, immer das zu tun, was Mama sagt und was leicht ging, oder etwas Neues zu wagen. Das begann meist mit einem NEIN oder einem ICH. Und wenn Sie sich recht erinnern, haben Sie immer dann die wichtigsten Lernerfahrungen und Entwicklungsschritte gemacht.

Konflikte im Umfeld von Beruf und Familie beginnen auch häufig mit einem ICH oder NEIN. Diese Konflikte erfordern die Auseinandersetzung mit den eigenen Bedürfnissen und der Abgrenzung zu den Anforderungen der Umwelt. Sie fördern einen gesunden Egoismus und die emotionale und praktische Intelligenz von allen Beteiligten. Das und vieles mehr sind die Entwicklungsmöglichkeiten, die wir für uns dabei erfahren haben.

 *Literaturtipps*

Beck-Gernsheim, Elisabeth und Beck, Ulrich: *Das ganz normale Chaos der Liebe,* Frankfurt Suhrkamp 1989

Mahlmann, Regina: *Konflikte managen. Psychologische Grundlagen, Modelle und Fallstudien,* Weinheim: Beltz 2000

Rogge, Jan-Uwe: *Pubertät. Loslassen und Haltgeben,* Reinbek: Rowohlt-TB 2001

Rosenkranz, Hans: *Von der Familie zur Gruppe zum Team. Familien- und gruppendynamische Modelle zur Teamentwicklung,* Paderborn: Junfermann 1990

Schindler, Ludwig u.a.: *Partnerschaftsprobleme. Möglichkeiten zur Bewältigung. Ein Handbuch für Paare,* Berlin: Springer 1999

Watzlawick, Paul: *Anleitung zum Unglücklichsein,* München: Piper 1993

Bilderbücher zum Thema

Bauer, Jutta: *Schreimutter. Vierfarbiges Bilderbuch,* Weinheim: Beltz 2000

McKee, David: *Du hast angefangen! Nein, du!,* Aarau: Sauerländer 2000

Das Balance-Modell als Entdeckungsreise

»Die wahre Entdeckungsreise liegt nicht darin, neue Länder zu erkunden, sondern die Wirklichkeit mit neuen Augen zu sehen.«

Marcel Proust

Immer wieder werden wir gefragt: »Wie schaffst du das eigentlich?« Hinter dieser Frage verbirgt sich nicht selten die Fantasie, dass Frauen und Männer, die erfolgreich im Job sind, eine funktionierende Partnerschaft und ausgeglichene Kinder haben, besondere Supertypen mit außergewöhnlichen Eigenschaften sind. Und dass man das nicht nachmachen kann. Um diesem Mythos entgegenzuwirken, haben wir dieses Buch verfasst. Paare, die Beruf und Familie auf eine halbwegs zufrieden stellende Weise miteinander in Balance bringen wollen, müssen allerdings eine Entscheidung treffen, wie wir sie getroffen haben: Wir haben uns dafür entschieden, dass unsere Ehe nicht am alltäglichen Einerlei, am Zeitmangel, am Berufsstress und Kinderkrieg scheitern soll. Dass unsere Partnerschaft mehr aushält als vier Jahre Zusammenleben, dass sie die Geburt des zweiten Kindes überdauert und die ersten zehn Jahre. Dass das, was wir täglich mehren an schönen Erlebnissen, an Konfliktfähigkeit, an Gelassenheit, an Geduld, an Flexibilität, ein festes Haus wird, vielleicht ein wertvolles Schloss, das wir nicht bereit sind kampflos aufzugeben, weil es wie eine Antiquität immer mehr wert wird, je älter es wird.

Dies ist kein Kampf ums Durchhalten, sondern einer um Glücksmomente und Zufriedenheit. Dafür braucht es einige Fähigkeiten und Fertigkeiten, die sich Paare aneignen und in denen sie sich üben können. Diejenigen Methoden, Denkansätze und Übungen, die sich für uns als hilfreich und nützlich herausgestellt haben, haben wir in diesem Buch zusammengetragen. Man nehme davon, was man braucht und selbst für nützlich erachtet.

Die alten Modelle der Versorgungsehe haben längst ausgedient und noch gibt es keine verbindlichen neuen Muster, an denen sich Paare, die Beruf und Kinder als sinnstiftend erleben, orientieren können. Noch sind es zumeist die Frauen, die gezwungenermaßen Teile des alten Modells reaktivieren und somit auf berufliche Herausforderungen und Karriere weitgehend verzichten. Zugleich wollen die Männer die Rolle des Versorgers nicht mehr allein ausfüllen, sie wollen liebevolle Väter und gleichwertige Partner sein. Weder Wirtschaft noch Gesellschaft können länger auf die gleich verteilten Ressourcen von Männern und Frauen verzichten.

Unser Buch ist sehr praxisorientiert und enthält zahlreiche Übungen, die Paare alleine bewerkstelligen können. Effektiv kann es dennoch sein, bestimmte Fragestellungen und Techniken gemeinsam mit anderen Paaren unter Anleitung zu bearbeiten und zu trainieren. Daher bieten wir Wochenendseminare für Power-Paare an und alle, die es werden wollen. Auf dem Weg zu neuen, individuellen Modellen, in denen Männer wie Frauen das eine tun können, ohne das andere lassen zu müssen, können Buch und Seminar hilfreich sein. Sie liefern keine fertigen Rezepte, doch aber einen Grundbausatz von Einzelteilen, aus denen sich jedes Paar sein eigenes Balance-Modell zusammenstellen kann.

Wir wünschen dabei viel Erfolg.

Das Seminar zum Thema

»Power-Paare – Die Balance finden zwischen Partnerschaft, Familie und Beruf«: Seminar, auch inhouse. Preise, Orte und Termine auf Anfrage unter: www.powerpaare.de

Weitere Literaturempfehlungen

Thema Paare

Beck-Gernsheim, Elisabeth: *Was kommt nach der Familie? Einblicke in neue Lebensformen,* München: C.H. Beck 2000

Jellouschek, Hans: *Warum hast du mir das angetan? Untreue als Chance,* München: Piper 1998

Welter-Enderlin, Rosmarie: *Deine Liebe ist nicht meine Liebe. Partnerprobleme und Lösungsmodelle aus systemischer Sicht,* Freiburg: Herder 2000

Thema Kinder

Benard, Cheryl und Schlaffer, Edit: *Einsame Cowboys. Jungen in der Pubertät,* München: Kösel 2000

Elliot, Michele: *Cool bleiben. 501 Tipps für gestresste Eltern,* Berlin: Verlag Gesundheit 1999

Leo, Sigrid: *Plötzlich macht es klick! Wie Sie und Ihr Kind Lernstörungen meistern,* München: Kösel 2000

Rogge, Jan-Uwe: *Kinder brauchen Grenzen,* Reinbek: Rowohlt-TB 2001

Schnack, Dieter und Neutzling, Rainer: *Die Prinzenrolle. Über die männliche Sexualität,* Reinbek: Rowohlt-TB 1995

Sonstiges

Freudenberger, Herbert und North, Gail: *Burn-out bei Frauen. Über das Gefühl des Ausgebranntseins,* Frankfurt: S. Fischer 1994

Hellinger, Bert und ten Hövel, Gabriele: *Anerkennen, was ist. Gespräche über Verstrickung und Lösung,* München: Kösel 1996

Simon, Fritz B.: *Die Kunst, nicht zu lernen. Und andere Paradoxien in Psychotherapie, Management, Politik ...,* Heidelberg: Carl-Auer-Systeme 1997